Thea Eriks

90 beliebte Aktionstabletts

für Feinmotorik, Konzentration, Logik und Zahlen

Montessori für Kindergarten, Vorschule und Zuhause

Die Deutsche Nationalbibliothek verzeichnet diese Publikation in der Deutschen Nationalbibliografie; detaillierte bibliografische Daten sind im Internet über http://dnb.dnb.de abrufbar.

Umschlaggestaltung: Fiverr.com/Pro_ebookcovers nach einem Entwurf von Alice Linz und unter Verwendung von Fotomaterial der Autorin
Layout und Satz: Reflexe Berlin unter Verwendung von Illustrationen der Autorin und grafischer Elemente von iStock.com/saemilee

Druck und Distribution im Auftrag des Oneiros Verlags: tredition GmbH, Halenreie 40-44, 22359 Hamburg

ISBN Softcover: 978-3-949642-01-2
ISBN Hardcover: 978-3-949642-11-1
ISBN E-Book: 978-3-949642-00-5

Inhalt

Einleitung

Aktionstabletts nach Maria Montessori animieren Kinder, entsprechend ihren Interessen und im eigenen Tempo zentrale Fertigkeiten zu erlernen. Dabei werden häufig gleichermaßen feinmotorische Fertigkeiten wie kognitive Fähigkeiten angesprochen.

Mit unterschiedlichen Aufbauten und Materialien werden Feinmotorik, Auge-Hand-Koordination, Konzentration und Ausdauer, Beobachtungsvermögen und Logik, Kreativität und Ausdauer geübt. Die Lerntabletts schulen den Seh- und Tastsinn und ermöglichen Grunderfahrungen mit Sprache, Geometrie, Zahlen und Mengen.

Kinder bekommen über die Aktionstabletts Berührung mit einer selbstbestimmten, interessengeleiteten, wertschätzenden und geduldigen Art der Wissensvermittlung – um in der besonders sensiblen, sehr aufnehmenden Entwicklungsphase von 1 bis 6 Jahren die angenehme Erfahrung zu machen: Lernen ist Freude!

Die vorangestellte Einführung zur Arbeitsweise ermöglicht es Eltern und Erzieher, die Tabletts in ihrer ganzen Wirkung für die Kinder vorzubereiten, sie im Schwierigkeitsgrad zu variieren und nach Bedarf auch selbständig eigene neue Ideen für die Tabletts zu entwickeln.

Die 90 Spielideen und Lernimpulse sind nach sechs Interessenbereichen gegliedert. So können Sie durch Beobachtung Ihres Kindes die Aufgaben heraussuchen, die es derzeit am meisten ansprechen, ihm Freude machen und es fördern.

Die Lerntabletts sind gleichermaßen für Kinder mit Förderbedarf wie beispielsweise bei ADS, ADHS, Dyskalkulie und anderen kognitiven oder feinmotorischen Beeinträchtigungen geeignet.

Sie sind mit gutem Grund in vielen pädagogischen Einrichtungen fest etabliert.

Maria Montessori

Maria Montessori, 1870 in Italien geboren, gehört zu den großen und zukunftsweisenden Erneuern in der Geschichte der Pädagogik. Sie beteiligte sich an der bildungsgeschichtlichen Zäsur ihrer Zeit und beeinflusste, gemeinsam mit weiteren Reformern wie Ellen Key und Rudolf Steiner, den steilen Verlauf jener wichtigen Bildungsrevolution, in deren Fokus erstmals das Kind stand.

Ihr Lebensweg führte Montessori von einem Medizinstudium, das sie als eine der ersten Frauen unter schwierigen Bedingungen absolvierte, zur Kinderpsychiatrie in Rom, wo sie den dort zum großen Teil sich selbst überlassenen Kindern durch pädagogische Förderung mit neuartigen, eigens hergestellten Materialien und zugewandter Begleitung zunehmende Lernfortschritte ermöglichte.

Anfang des 20. Jahrhunderts vertiefte sie Ihre Erkenntnisse durch ein anthropologisch-psychologisches Studium und legte fortan die bis heute gültigen Grundlagen der Montessori-Pädagogik in Material und Theorie fest.

Die Pädagogik nach Montessori interessiert heute, 12 Dekaden später, über die steigende Anzahl an Montessori-Kitas und -Schulen hinaus, auch Pädagogen ohne deklarierten Montessori-Ansatz und spricht gleichermaßen jene neuen Eltern des 21. Jahrhunderts an – mit ihrem Drang nach individueller und wertschätzender Begleitung Ihrer Kinder entsprechend deren Eignungen und Interessen.

Lernen nach Maria Montessori

„Hilf mir, es selbst zu tun“, „Aiutami a farlo da solo“. Dieser mit dem Namen Montessori eng verbundene Imperativsatz spiegelt die Basis der Pädagogik Maria Montessoris: Erwachsene bereiten Material und Örtlichkeit vor und gehen in die stille Beobachtung. Die Kinder ergreifen selbständig das vorliegende Angebot und bearbeiten es entsprechend ihrem Interesse und Entwicklungsstand.

Weitere Kernaspekte der Montessori-Pädagogik, die in Bezug auf die Arbeit mit den Aktionstabletts wichtig sind, werden nachfolgend umrissen.

Die vorbereitete Umgebung

Diese definiert die Rahmenbedingung der Lernumgebung: Die Materialien werden in offene Regale und in Griffnähe aufbewahrt, sodass sie leicht von den Kindern erkannt, entnommen und wieder selbständig zurückgeräumt werden können.

Wir sollten die Umgebung dem Kind anpassen, war ein Leitsatz Maria Montessoris. Diese Umgebung stellt sich auf die kindlichen Interessen ein und ist demnach nicht statisch, sondern darf sich im Gleichklang mit dessen Entwicklung verändern.

Die Aufmerksamkeit der Kinder sollte dabei nicht von Unordnung, zu vielen Materialien oder überflutende Raumdekoration abgelenkt werden.

Die Freiarbeit

Die Kinder werden durch die offen liegenden, auffordernden Materialien angeregt, im eigenen Lern- und Arbeitstempo ihren individuellen Interessen nachzugehen. Entsprechend einem inneren Lernfenster greifen sie sich selbständig Aufgaben aus einem optimalerweise reichen Angebot heraus.

In der Freiarbeit gehen die Kinder in frei gewählter Sozialform (Einzel-, Partner- oder Gruppenarbeit) ans Werk, in der Regel ohne das Zutun der erwachsenen Begleitpersonen. Die Lerntabletts sind meist für die Einzelbeschäftigung geeignet, als Ruheoase und Rückzugsmöglichkeit.

Aufforderungscharakter

Die Materialen auf dem Tablett entwickeln einen inliegenden „Ruf" nach Handlung und Lösung der Aufgabe. Der Aufgabenreiz ist stark, die Aufgabe offenbart sich in der Regel ohne Erläuterung oder lediglich durch eine exemplarische Vorführung eines Erwachsenen.

Wichtig ist, dass die Aufgabe weder über- noch unterfordert. Günstig ist die Bereitstellung von Materialien mit etwas höherem Schwierigkeitsgrad, als es der aktuellen Entwicklung des Kindes entspricht, um einen Spannungsmoment, ein Gefälle zwischen Wissenstand und Materialbewältigung zu erzeugen, was die Aufforderungsstärke erhöht.

Lernen im Kontext

Wissen wird immer im Kontext gesetzt. Für die Aktionstabletts heißt dies, dass Naturmaterialien beispielsweise gemeinsam mit den Kindern in der näheren Umgebung gesammelt werden. Dabei ergibt sich die Gelegenheit, über die Jahreszeiten, die Vegetationsphasen, die Beschaffenheit und Eigenart der Naturfunde zu sprechen.

Lernen im Kontext heißt für die Lernaufgaben wiederum, dass diese unter Einbeziehung von Vorwissen und unterschiedlicher Erfahrungen und Beobachtungen angegangen und gelöst werden.

Fehlerkontrolle

Montessori-Materialien sind von sich aus autodidaktisch und intuitiv, das Kind arbeitet selbständig und versteht durch die Aufstellung oder Beschaffenheit der Materialien, was es damit machen kann.

Im Lösungsweg sehr wichtig ist die Fehlerkontrolle: Das Kind merkt einen Fehler direkt in der Übung, auch die korrekte Lösung zeigt sich konkret an der Erfahrung mit dem Material. Zwischen Kind und Material steht bei der Lösungssuche kein Vermittler.

Interessengeleitetes Lernen

Das Lernen nach Interesse stellt die Basis dar für den Lernerfolg und ist der Katalysator für den Zugang des Kindes zu Themen, die ihn nicht direkt ansprechen, dessen Erschließung aber gefördert werden darf. Ausgehend von

Interessenbereichen kann man dem Kind auch Aufgaben, die ihm nicht zusagen, näherbringen.

Ein mathematikverliebtes, jedoch feinmotorisch ungeübtes Kind, motiviert man anhand von fassbaren Rechenaufgaben schließlich doch zu Koordinationsübungen: Steinchen bilden die Zahlen nach, eine Pinzette legt das Ergebnis. Das Interesse ebnet also den Weg zum „roten Tuch".

Polarisation der Aufmerksamkeit

Dies als Flow oder Versenkung begriffener Geisteszustand gehört zur sogenannten sensiblen Phase bis zum Alter von etwa 6 Jahren. Typisch dabei ist die oftmals in den mittleren zweistelligen Bereich gehende Wiederholung der immer gleichen Handgriffe.

Sind die Kinder ganz in der Aufgabe versunken, arbeiten selbstvergessen und gehen in die Wiederholung, sollte man Störung und Intervention wenn möglich vermeiden.

Sensible Periode

Das Zeitfenster für die sensible, besonders aufnahmefähige Periode eines Menschen verortete Maria Montessori in der Lebenszeit bis etwa 6 Jahren. Hier sucht sich der absorbierende Geist, eine Art unbewusste Intelligenz des jungen Menschen, bestimmte Interessengebiete heraus, die zu seinem Entwicklungsstand passen. Der beobachtende Erwachsene ist angehalten, dies thematisch einzuordnen und entsprechende Materialien zur Verfügung zu stellen.

Intrinsische Motivation

Die intrinsische Motivation umfasst das Lernen aus innerem Antrieb. Sie steht der extrinsischen, die im Außen motiviert ist, gegenüber.

Das Kind sollte nicht angehalten werden, Aufgaben zu lösen, sondern die Aufgabe wird, entsprechend seiner Neugierde, seinem Entwicklungsstand und Interesse, vom Kind selbst ausgesucht.

Lernen mit den Aktionstabletts

Maria Montessori entwickelte die Aktionstabletts als individuelle Experimentier- und Lernräume.

Die Arbeitstabletts bieten unterschiedliche Materialien für eine große Bandbreite von Lernerfahrungen an. Das Material wird übersichtlich und auffordernd dargeboten.

Die Anordnungen sind leicht umsetzbar, geben über längere Zeit Anreiz, ohne zu langweilen, und üben spielerisch zentrale Grundfertigkeiten – häufig werden mehrere gleichzeitig angesprochen, was eine multidimensionale Lernerfahrung ermöglicht. Die Kinder können nach Farbe oder Form gruppieren, schütten unterschiedliche Materialien in Gefäße oder sortieren sie mit Löffel, Pinzette, Sieb oder Fingern auseinander, suchen Ähnlichkeiten und Unterschiede, erfahren Menge und Größe, erweitern ihr sprachliches und Weltverständnis.

Die unzähligen Anordnungs- und Themenvariationen mit unterschiedlichstem Material begleiten das Kind durch seine vielen Entwicklungsstufen.

Aktionstabletts mit Fokus auf die Entwicklungsstufen

Maria Montessori teilte die Entwicklungsmaterialien nach Lernziel und Alter.

Die Zeit von 0 – 6 bezeichnete sie als „Zeit des Aufbaus“, das „Alter des Vormachens und Nachmachens“, während dessen sich grundlegende Fertigkeiten wie Laufen, Sprechen, Hören, Sehen entwickeln. Dazu zählte Montessori

- die Übungen des täglichen Lebens und
- das Sinnesmaterial.

Übungen des täglichen Lebens sind die Grundlagen, um im sozialen und kulturellen Leben selbständig und eigenverantwortlich handeln zu können. Bestandteile davon sind die Pflege der eigenen Person und die Pflege der Umgebung.

Das Sinnesmaterial, von Montessori als „Schlüssel zur Welt“ bezeichnet, widmet sich dem Seh-, Gehör- und Tastsinn und dem Geruchs- und Geschmackssinn.

Das Mathematikmaterial, Sprachmaterial und Material zur kosmischen Erziehung gehören nach Montessori zur nächsthöheren Altersstufe. Einige der hier folgenden Aktionsimpulse verwenden jedoch bereits Materialien zum Zweck einer ersten mathematischen und Welterfahrung, beispielsweise die hier adaptierten Roten Stangen (Einführung von Längen und Abstufungen), das Mengen-Spiel (Menge im Verhältnis gesetzt) und die Zahlenspiele (erste Erfahrung mit Zahlen und Zahlenreihen). Für Vorschulkinder bilden diese Übungstabletts einen sanften Übergang zu den Grundfächern der ersten Schuljahre.

Die Aufgabe der Aktionstabletts

Die Aktionstabletts für 1- bis 6-jährige Kinder entsprechen deren natürlicher Weise der Aneignung von Wissen: Maria Montessori bezeichnete diese jungen Kinder als sensorische Forscher, das Lernen betrachtet sie als Sehen mit der Hand.

Die Beschäftigung mit den Arbeitstabletts beruhigt und fokussiert die Sinne und stärkt zudem den Selbstwert. Für sehr aktive, quirlige Kinder schaffen sie einen konzentrierten, kontemplativen Gegenpol. Für unsichere oder ängstliche Kinder sind sie eine Gelegenheit, sich außerhalb der Gruppe ohne Konkurrenzdruck oder Hektik lernend zu beschäftigen.

Wie häufig bei Montessori-Materialien der Fall regen die Tabletts zum wiederholenden Tun an, üben somit Ausdauer und Fokus.

Was macht das Tablett als Arbeitsfläche aus?

Das Lerntablett deutet den Rahmen der Aktion an, es hilft dem Kind, sich auf die darauf angeordneten Materialien zu fokussieren.

Die meisten Montessori-Tabletts haben ein ungefähres Maß von 35 x 25 cm und bestehen aus Holz. Für Sand- und Wasserübungen gibt es feuchtigkeitsresistente Wannen, auch aus Kunststoff. Es gibt auch flache Sortiertabletts mit einer inneren Aufteilung in zwei, drei oder vier gleichmäßige Flächen.

Für die spontane Arbeit in Kita und Zuhause können auch Serviertabletts, Platten, Körbe oder Boxen verwendet werden. Wichtig ist hierbei, dass sie von den Kindern gut gegriffen und sicher getragen werden können und dass der Rand nicht allzu hoch ist. Bei einem Rand von rund 5 cm können die Kinder ungestört auf dem Tablett arbeiten, ohne in ihrer Motorik beeinträchtigt zu sein.

Wie sortiere ich die Materialien auf dem Tablett?

Aktionstabletts bedürfen meist sehr einfacher Elemente, anhand der hiesigen Materialimpulse sind sie in Kürze aufgebaut.

Auf einem Tablett befindet sich immer nur ein Aufgabenangebot, eine Aktion. Das Material ist sparsam vorhanden, nur in der Menge wie zur Aufgabenlösung unbedingt nötig.

Die Lerntabletts werden als offenes Arrangement angeboten, das eindeutig die Aufgabe, aber nicht die Lösung vorgibt.

Es gibt unterschiedliche Möglichkeiten, das Tablett zu ordnen.

Einerseits kann man dieses in mehrere gleich große Felder aufteilen – um beispielsweise Blätter oder andere Gegenstände nach Größe, Farbe, Funktionalität zu sortieren. Diese Felder können Sie mit farbigem Papier markieren oder mit Krepp abtrennen. Ebenfalls dienen Schüssel und andere Gefäße als Markierung unterschiedlicher Felder.

Auch kann das Tablett in linke und rechte Hälfte geteilt werden: entweder optisch eindeutig (farbig abgesetzt oder durch einen zentrierten vertikalen Strich) oder durch eine imaginierte Linie, die sich durch die Anordnung des Materials ergibt.

Nach Montessori sollte das Kind immer von links nach rechts arbeiten, also in die spätere Schreibrichtung. Auf der linken Tablettseite (vom Kind aus gesehen) befindet sich das bereitgestellte Material. Auf der rechten Seite wird sortiert oder gelegt.

Dies trifft auf Übungen zu, bei denen bspw. mit einem Löffel oder einer Pinzette Dinge von einem ins andere Gefäß transportiert werden sollen. Auch hier ist die Anordnung so aufzubauen, dass Material von links nach rechts geschippt, getragen oder gelegt wird.

Welche Materialien eigenen sich am besten?

Es können alle Materialien aus dem alltäglichen und häuslichen Umfeld Verwendung finden.

Diese sollten aus haptischen („warmen", „kalten", rauen, glatten) und möglichst natürlichen Stoffen bestehen, beispielsweise aus Holz, Kork, Glas, Bast, oder direkt der Natur entstammen wie etwa Steine, Kerne, Sand, Blätter, oder Zweige.

Die Verwendung von Alltagsgegenständen wie Trinkbecher oder Löffel ist erwünscht, in den Übungen des praktischen Lebens kommt ihnen eine besondere Rolle zu.

Wichtig ist formale Einfachheit und dezente Farbgebung, die nicht ablenkt.

Zerbrechliche Materialien wie Teller oder Gläser werden bevorzugt, da die Kinder die Folgen unsachgemäßer oder unachtsamer Benutzung direkt erfahren können.

Bei einer Scheu vor Scherben sollten als bruchfeste Alternative statt Kunststoff nach Möglichkeit haptisch angenehme metallische oder hölzerne Behälter verwendet werden.

Die Materialien dürfen mit Bedacht gewählt sein. Einerseits aus dem Sicherheitsaspekt heraus, besonders bei der Arbeit mit jüngeren Kindern. Es sollte von Ihnen keine Gefahr ausgehen. Verschluckbare, spitze, giftige Gegenstände sollten nicht verwendet werden. Auch ist es wichtig, dass die Materialien verlässlich funktionieren sowie in Anzahl und Länge genau auf die Aufgaben abgestimmt sind.

Bei komplexen Aufgabenstellungen, die unterschiedliche Handgriffe in einer festgelegten Reihenfolge nötig machen, kann eine bewusste Farbgebung des Materials eine Hilfestellung als Marker für die Sequenzierung der Aktivität bieten: Farbige Akzente verdeutlichen optisch die Reihenfolge oder den Zweck der einzelnen verwendeten Elemente. Nützlich ist dies beispielsweise bei den Übungen des täglichen Lebens.

Alle hier verwendeten Materialien können, sofern sie nicht zur Hand sind, problemlos ersetzt oder selbst hergestellt werden: Eine Nasentropfenpflasche ersetzt die Pipette und für eine Pinzette fixiert man mittels eines Küchengummis zwei Eisstiele oder Bleistifte in Kreuz über ein gerolltes Pappstück.

Wie biete ich die Arbeitstabletts den Kindern an?

Entsprechend dem Prinzip der vorbereiteten Umgebung stehen die bestückten Tabletts griffbereit in offenen Regalen. Auch im privaten Gebrauch sollten dem Kind mehrere unterschiedliche Tabletts zur Verfügung stehen, damit es eine Auswahl treffen kann, die seinem aktuellen Interesse und seiner Entwicklung entspricht.

Dabei ist es förderlich, wenn die Aufgaben aus unterschiedlichen Förderbereichen stammen, wie bspw. Feinmotorik, Logik und Sinneswahrnehmung.

Das Kind sollte beim Arbeiten mit den Tabletts ungestört sein, wenn möglich räumlich abgeschirmt durch Komponenten wie Nischen oder Paravents.

Welche Themen passen aktuell zum Kind?

Hier ist die beobachtende Gabe der Erwachsenen, der Erzieher, Lernbegleiter, Lehrer oder Eltern gefragt: Was macht das Kind häufig und gerne? Welche Themen und motorischen Fertigkeiten interessieren es gerade? Was sind seine Stärken und Schwächen? Welche Alltagstätigkeiten ziehen das Kind an, wo möchte es im Alltag von alleine mitmachen, schneiden, fegen, Gläser füllen?

Variation des Schwierigkeitsgrades?

Bei Schüttübungen können die Gefäßöffnungen von weit zu eng getauscht werden oder aber das Schüttgut von grob (Erbsen) zu fein (Sand oder Wasser).

Bei Greifübungen variiert die Herausforderung, wenn die Greifinstrumente verfeinert werden: von den Fingern zum Löffel und schließlich zur Pinzette.

Sinnesübungen werden kniffliger, wenn mehrere Sinne, etwa optische und haptische, gleichzeitig angesprochen werden.

Logikübungen beispielsweise zur Menge variieren ihren Schwierigkeitsgrad, wenn die Unterschiede anfangs deutlich sichtbar sind und später zunehmend verwischen, indem sie sich beispielsweise auf nur einem Aspekt in Optik oder Haptik beziehen.

Generell sollten für Kinder unter 2,5 Jahren alle hier vorgestellten Übungen stark vereinfacht werden. Dies erreicht man etwa, indem man die Übungsflächen vergrößert, die Musterkarten weglässt, die Materialien auf dem Tablett auf wenige Stücke reduziert und freies Spiel ermöglicht.

Bei den Schüttübungen beispielsweise sollten jüngere Kinder unter 2,5 Jahren das gesamte Tablett (oder eine Wanne) mit Schüttgut und Schüsseln angeboten bekommen, da sie in der Regel mehr an den Grundgesetzen von Schwerkraft und der taktilen Erfahrung interessiert sind, als das Schüttgut „ordentlich“ in einem Gefäß zu sammeln. Musterkarten können bei Schneide- oder Legeübungen weggelassen oder stark vereinfacht werden und bei den Zahlen-, Mengen- und geometrischen Übungen können statt Ziffern und Formen besser Motive aus der Lebenswelt der Kinder oder die Grundfarben verwendet werden.

Aktionstabletts

Feinmotorik

Ordnen und Sortieren

Übungen des täglichen Lebens

Welterfahrung & Ursache-Wirkung

Geometrie

Mathematik

1

Feinmotorik

Stecken, Fädeln, Schütten, Schneiden

Es werden feinmotorische Fähigkeiten und die Augen-Hand-Koordination geübt, indem die Kinder stecken, fädeln, schütten und schneiden.

Die Feinmotorik gehört zu den elementaren Hauptfertigkeiten der frühkindlichen Entwicklung. Sie ist ein Grundbaustein für die Graphomotorik und stellt somit die Basis der Schriftentwicklung dar.

Nudeln fädeln

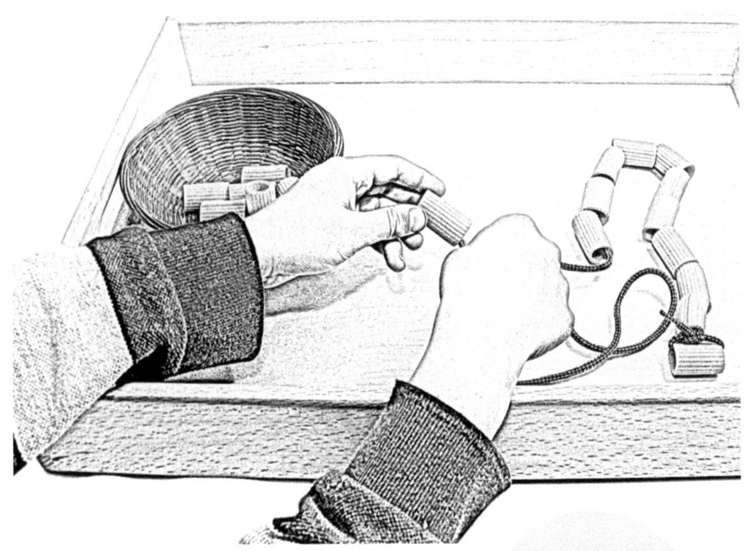

Auge-Hand-Koordination

Material

1 Schüssel

20 Röhrennudeln

1 Bindfaden, Schnürsenkel oder Draht

Kreativität

Anleitung

Auf dem Tablett steht links eine mit abgezähltem Fädelmaterial befüllte Schüssel, rechts liegt der in der Länge genau passende Faden. Am Ende des Fadens knoten Sie als Barriere für das restliche Material eine Nudel fest.

Das Kind fädelt nun alle Nudeln der Reihe nach auf dem Faden. Zum Schluss kann es sie wieder in die Schüssel zurückschütten und die Handgriffe beliebig häufig wiederholen.

Variation

Bei Fädelaufgaben kann der Schwierigkeitsgrad sehr einfach durch Änderung der Fadendicke oder Festigkeit wie auch der Größe des Fädelmaterials variiert werden.

Eine kleine Nudelkunde?

Große fädelbare Hohlnudeln sind beispielsweise die 10 cm langen und 3 cm breiten Cannelloni, die griffigen Rigatoni, die gedrehten und gerippten Tortiglioni oder die schräg geschnittenen Penne.

Die großen Schneckennudeln, durch deren herausfordernde Krümmung ein Draht leichter geführt werden kann als ein weicher Faden, findet man im Handel unter der Bezeichnung Lumache.

Durch die radähnlichen Rotelle können bis zu sieben Fäden gleichzeitig gezogen werden.

Für fortgeschrittene Feinmotoriker schließlich können die 1 cm kleinen Ringnudeln Anelli die passende Herausforderung sein.

Reis löffeln

Auge-Hand-Koordination

Akustische Erfahrung

Übung des täglichen Lebens

Material

3 EL Reis

1 Schüssel
(für den Reis)

1 Esslöffel

1 Holzschüssel

1 Metallschüssel

1 Glas-/Keramik- oder Steingut-schüssel

Anleitung

Die Reisschüssel steht links. Rechts warten drei leere Gefäße, optimalerweise aus unterschiedlichen Materialien, um ein zusätzliches akustisches Erlebnis zu ermöglichen: empfohlen werden Glas, Metall und Holz. In der Mitte des Tablettes liegt ein Esslöffel.

Das Kind löffelt den Reis aus der linken Schüssel in die rechten Schüsseln. Es bleibt ihm überlassen, ob es alle drei Schüsseln füllt oder je nach Klangerlebnis seine „Lieblingsschüssel" kürt.

Variation

Für einen feinmotorischen Schwerpunkt kann man die Schüsseln durch Gefäße mit engerer Füllöffnung ersetzen, einen Teelöffel statt des Esslöffels anbieten oder die Körnung des Schüttmaterials ändern.

Sandrieseln

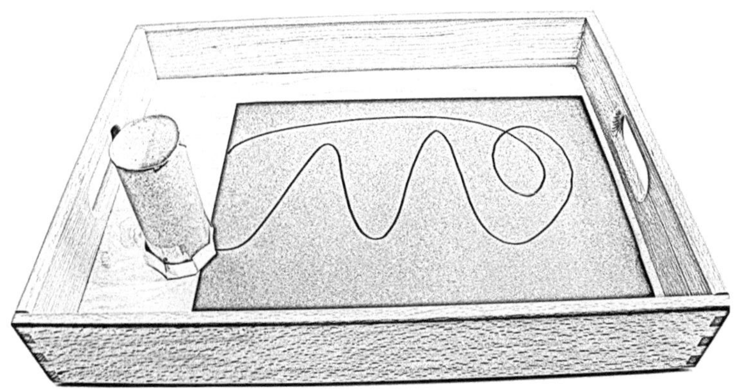

Graphomotorik

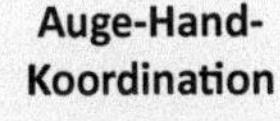

Material

1 Toilettenpapier-rolle

1 Tonpapier (A6 oder größer)

1 Tasse feinen Sandes (alternativ Zucker oder Salz)

Konzentration

Anleitung

Die Toilettenpapierrolle wird an einem Ende anhand einer festen Tonpapierscheibe mit Klebelaschen verschlossen. Das mittig angebrachte Loch sollte eine gute, durchgängige Rieselfähigkeit ermöglichen. Die Rolle wird nun links auf das Tablett auf die Verschlussseite gelegt und mit feinem Material befüllt.

Direkt an der Rolle wird ein (getönter, zum Rieselmaterial Kontrast bildender) Papierbogen mit einem durchgängigen Schwungmotiv gelegt, dessen Pfad unterbrechungsfrei von links nach rechts und dann zur Startposition zurückführt, wo die Rolle wieder abgelegt wird.

Bitte achten Sie auf eine ausreichende Füllmenge, denn es kommt vor, dass einige Kinder die Schwunglinie vom Ende her rückwärts wieder zurückverfolgen, was die benötigte Sandmenge verdoppelt.

Sobald das Kind die Rolle vom Boden hebt, fängt der Sand sofort an zu rieseln. Es ist daher wichtig, dem Kind die Aufgabe vorneweg kurz zu erläutern.

Das Kind malt nun mittels des rieselnden Sandes die vorgezeichnete Form nach und kann zum Schluss durch vorsichtiges Aufheben und Biegen des Papierbogens zu einem Gießschnabel den Sand wieder in die Rolle zurückkippen.

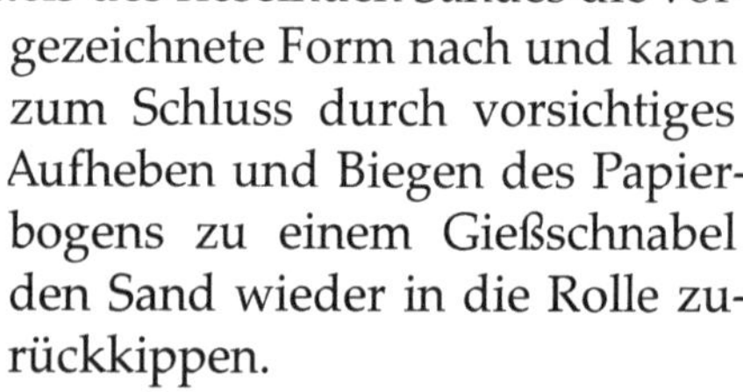

Toilettenpapierrolle mit abgemalten Umriss vom Durchmesser und freihändig gemalte Klebelaschen.

Scherentanz

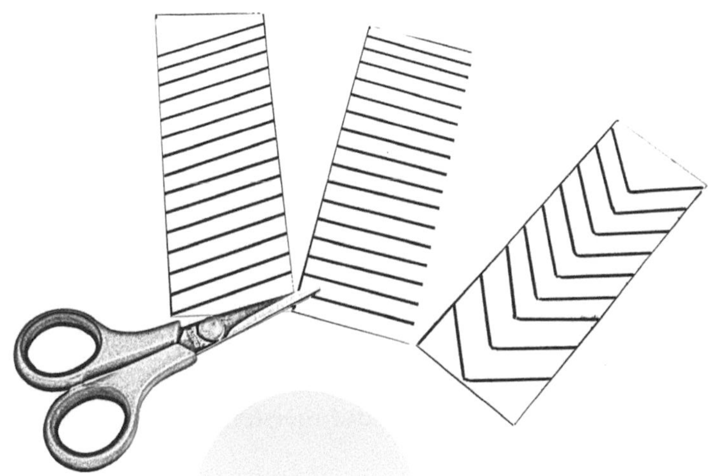

Auge-Hand-Koordination

Geschicklichkeit

Konzentration

Material

1 Schere

ab 3 bemusterte Papierstreifen

Anleitung

Auf dem Tablett liegen mehrere vorgezeichnete Muster und eine Schere.

Die Muster können aus runden, fließenden Formen bestehen wie Kreis, Spirale, Schlängellinien, oder auf recht- und spitzwinkligen, zackige Grundformen beruhen wie Viereck, Mäander oder Zickzacklinie.

Variation

Für jüngere Kinder bis 4 Jahre sind fließende Formen leichter zu schneiden, ältere Kinder meistern auch eckige und spitze Muster.

Steinmalerei

Auge-Hand-Koordination

Kreativität

Material

1 A3-Blatt mit einer Konturzeichnung

1 Handvoll Kiesel, Muggelsteine oder Kaffeebohnen

Anleitung

Das Tablett ist rechtsseitig mit einem großen Papierbogen ausgelegt, der dem Kind eine Konturzeichnung anbietet. Links steht eine Schüssel mit der in etwa passenden Anzahl an Legematerial.

Als Konturzeichnung eignen sich gut erkennbare Umrisse von vertrauten Dingen und Lebewesen wie Auto, Rakete, Boot, Haus, Schnecke, Baum, Blume, Schildkröte.

Das Kind legt die Steinchen entlang der Linien aus, bis das Motiv fertiggestellt ist. Zum Schluss legt es die Steinchen wieder in die Schüssel.

Eierkarton füllen

Zuordnungs-fähigkeit

Form- und Farberkennung

Material

1 leerer Eierkarton

Gegenstände in gleicher Anzahl wie Eierfächer, die sich in Form und Farbe unterscheiden (auch mehrere ähnliche für ein Fach)

1 Löffel

Anleitung

Links steht eine Schüssel mit den zu sortierenden Gegenständen.

Rechts befindet sich der Eierkarton. Unten mittig liegt ein Löffel.

Variation

Je mehr Fächer der Eierkarton hat, desto herausfordernder ist es für die Kinder, die unterschiedlichen optischen Aspekte der Formen herauszufinden und entsprechend zu gruppieren.

Eine feinmotorische Herausforderung kann durch den Tausch des Esslöffels gegen einen Teelöffel erreicht werden.

Ebenfalls können die zu sortierenden Gegenstände ausgetauscht werden:

1 (hartgekochtes oder Holz-)Ei, 40 Bügelperlen, 5 Augenwürfel, 30 Erbsen, 30 Bohnen, 30 Linsen.

Alternativen: 3 große Papierknäuel, 1 Flummi, 1 Tischtennisball, 8 Glasmurmeln, 8 kleine Lego-Steinchen, 30 Kaffeebohnen.

Spardosenspiel

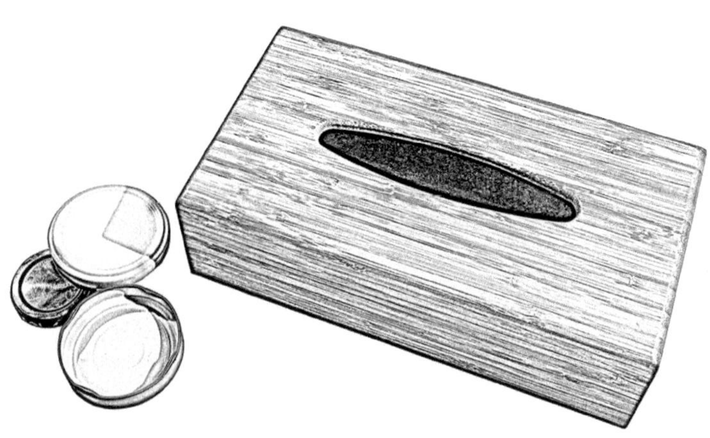

Material

1 Behältnis mit oberer Einwurföffnung

Passendes Material zum Einwerfen

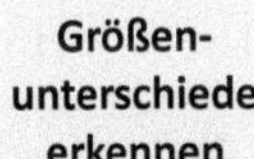

Auge-Hand-Koordination

Anleitung

Auf der linken Tablettseite wartet das Einwurfmaterial in einer Schüssel: unterschiedlich große Gläserdeckel, Papp- oder Moosgummistreifen, Briefumschläge oder Bauklötzchen. Rechts steht die mit einem Steckschlitz versehene Box: eine Kakaodose, ein Tetrapack oder, wie in unserem Beispiel, eine Dose für Kosmetiktücher.

Das Kind steckt das Material in die Box. Zum Schluss kann es die Box öffnen, das Material in die Schüssel zurücklegen und die Aufgabe beliebig häufig wiederholen.

Variation

Die Größe des Einwurfmaterials und des Schlitzes bestimmt den Schwierigkeitsgrad. Sie steht im umgekehrten Verhältnis zum Alter des Kindes: Je kleiner Material und Schlitz desto älter das Kind.

Gläserdeckel eignen sich bereits für einjährige Kinder, Bauklötzchen oder Perlen fördern Kinder ab 3, das Stecken feiner Knöpfe und Münzen in knapp münzgroße Schlitze übt feinmotorische Fertigkeiten bei vier- und fünfjährigen Kindern.

Igelkleid

Auge-Hand-Koordination

Kreativität

Material

1 Handvoll Knete

10 Zahnstocher

40 Holzperlen, Bügelperlen, Lochnudeln, Muttern oder andere Dinge, die aufgefädelt werden können

Anleitung

Der Igelkörper entsteht aus Knete und wird rechts platziert. Auf der gegenüberliegenden Tablettseite steht eine Schale mit Zahnstochern oder Stöckchen und eine mit Steckmaterial.

Das Kind darf nun dem Igel sein Stachelkleid aufstecken und anschließend mit Lochnudeln, Muttern oder Knöpfen dekorieren.

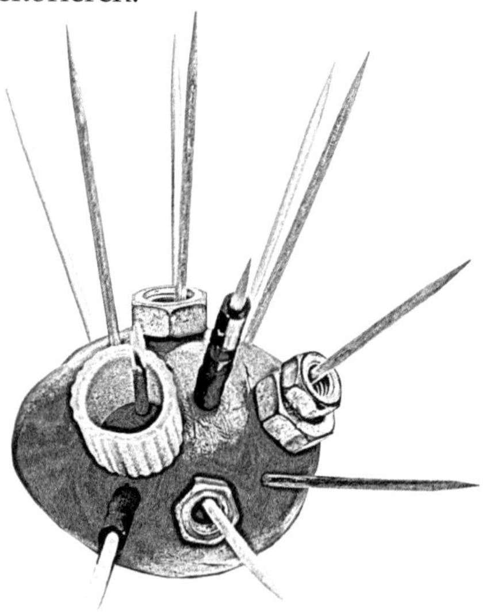

Wäscheklammerbilder

Kreativität

Auge-Hand-Koordination

Material

6 Wäscheklammern

1 Pappstückchen in Form eines Ovals (Igel), eines Kreises (Sonne) und einer vollen 8 (Mensch)

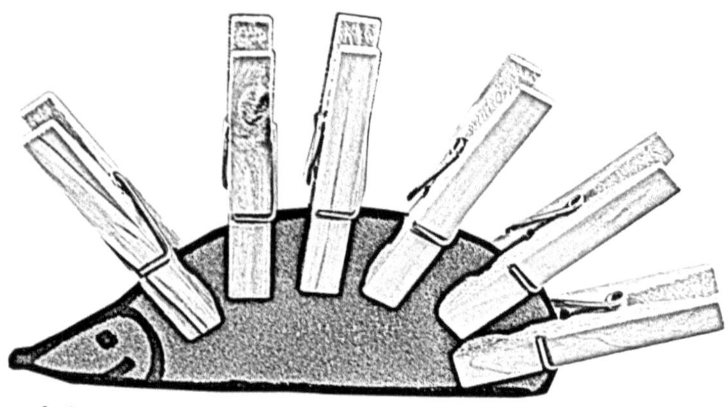

Anleitung

Auf einem Papierbogen werden mehrere unvollständige Figuren gemalt: Igelkörper, Kopf-Körper-Figur, Kreis. Anschließend werden sie ausgeschnitten und rechts auf das Tablett gelegt.

Auf der anderen Tablettseite liegen ausreichend viele Wäscheklammern, mindestens jedoch 6 Stück.

Das Kind bestückt nun die Figuren anhand von Wäscheklammern mit Stacheln, Armen und Beinen und mit Sonnenstrahlen.

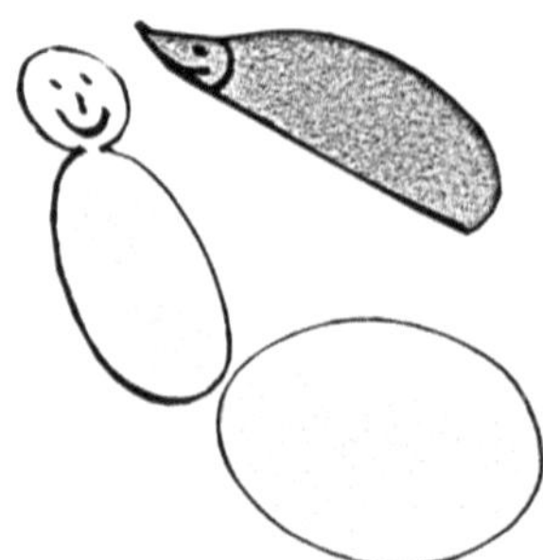

Pipettenspiel

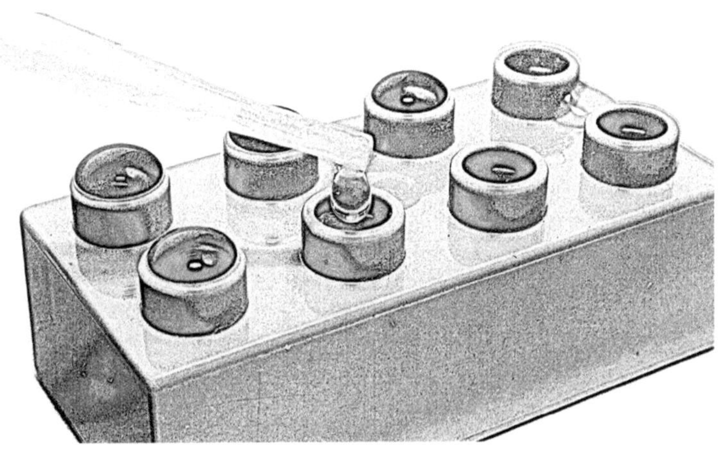

Auge-Hand-Koordination

Ausdauer

Material

4 Lego-Duplo-Steine (unterschiedlicher Farbe)

1 Pipette oder leere Pipettenflasche

Wasser

1 Küchentuch

Anleitung

Links auf dem Tablett liegt eine mit Wasser gefüllte Pipettenflasche oder Wasserschale und Pipette. Die Lego-Duplo-Steine werden auf dem rechten Teil des Tabletts mit den Noppen nach oben in gleichmäßiger Anordnung hingestellt (zwei oben und zwei unten).

Das Kind darf nun die Aufgabe lösen, mithilfe der Pipette einen Wassertropfen in jeden Lego-Noppen zu tröpfeln. Dies erledigt es Stein für Stein – in Schreibrichtung von links nach rechts.

Abschließend werden die Steine auf dem Küchentuch umgedreht und können abtropfen und trocknen.

Motorikrolle

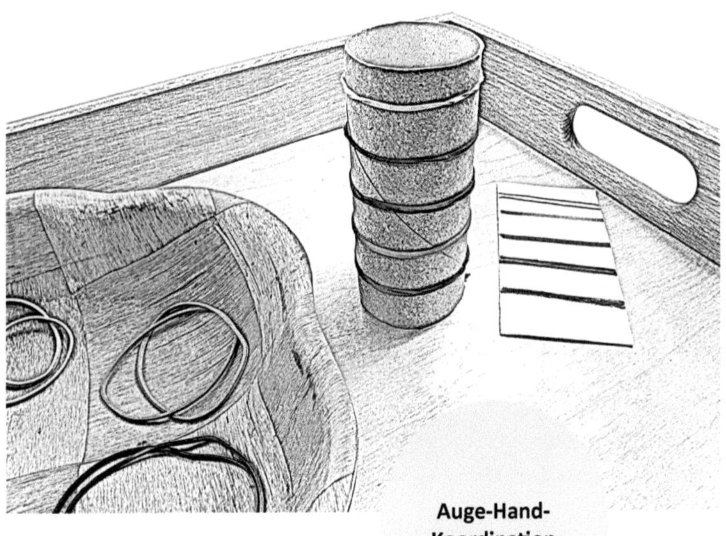

Auge-Hand-Koordination

Farberkennung

Mustererkennung

Material

1 Toilettenpapierrolle

10 Spanngummis (4,5 cm Durchmesser)

ab 3 Musterstreifen

Anleitung

In einer Schüssel liegen je 2 Spanngummis in 5 unterschiedlichen Farben bereit. Gummis mit 4,5 cm im Durchmesser passen perfekt auf die Papprolle.

Auf kleinen Karten malen Sie aufeinanderfolgende Striche in den entsprechenden Spanngummifarben auf.

Das Kind spannt die Küchengummis dem farbigen Muster folgend auf die Toilettenpapierrolle.

Schwunglinien nähen

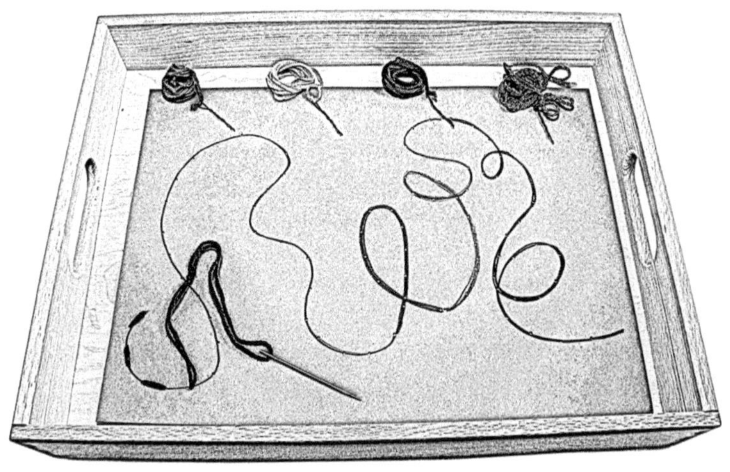

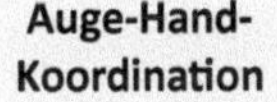

Farb-
erkennung

Material

ab 3 unterschiedlich farbige Wollfäden

1 Draht rd. 10 cm

1 Tonpapier in A4, mit Schwunglinien bemalt

1 dicke Nähnadel zum Vorstechen der Nählöcher

Ausdauer

Anleitung

Zur Vorbereitung malen Sie auf festem Tonpapier eine geschwungene Linie, in deren Verlauf sich drei oder mehr unterschiedliche Farben abwechseln. Mit einer dicken Nähnadel stechen Sie entlang der Linie und in regelmäßigen Abständen von etwa 1 cm Löcher, durch die das Kind später den Faden mühelos fädeln kann.

Neben dem Blatt liegen Wollfäden in den gleichen Farben wie die aufgemalte Schwunglinie. Die Fädelnadeln bestehen aus einem mittig geknickten Draht, an dem der Garn angebracht ist.

Ab ins Nestchen

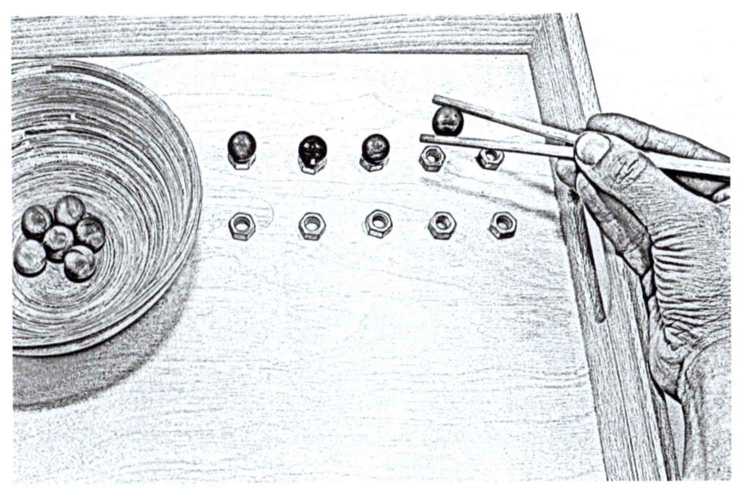

Material

10 Schraubenmuttern
oder Eiswürfelform
mit 10 Fächern

10 Glasperlen oder
Papierkugeln

1 Pinzette

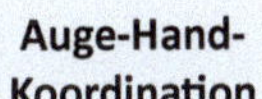

Geschicklichkeit

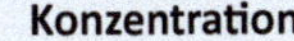

Anleitung

Links auf dem Tablett liegt eine Schüssel mit Perlen oder Papierkugeln. Rechts sind die Muttern zweireihig oder die Eiswürfelform aufgestellt. Optional liegt in der Mitte eine Pinzette.

In Ermangelung einer Pinzette kann man sich mit zwei Stöckchen oder zwei Sushistäbchen behelfen, zwischen denen man im oberen Drittel ein schmal eingerolltes Pappstreifen klemmt und mit einem Gummiband die Stäbchen daran fixiert.

Das Kind legt nun mit der Hand oder der Pinzette die Murmeln oder die Papierknäuel auf die Muttern oder in die Eiswürfelform.

Variation

Die Materialvorgabe Pinzette, Murmeln und Muttern sind für ältere Kinder ab 5 Jahren geeignet – und können sogar Grundschulkinder vor einer motorischen Herausforderung stellen.

Für jüngere Kinder von 1 bis 5 sind die Materialien Papierknäuel und Eiswürfelform die ansprechenderen; auch hier kann durch die Beigabe der Pinzette eine Steigerung des feinmotorischen Schwierigkeitsgrades erreicht werden.

Kette fädeln

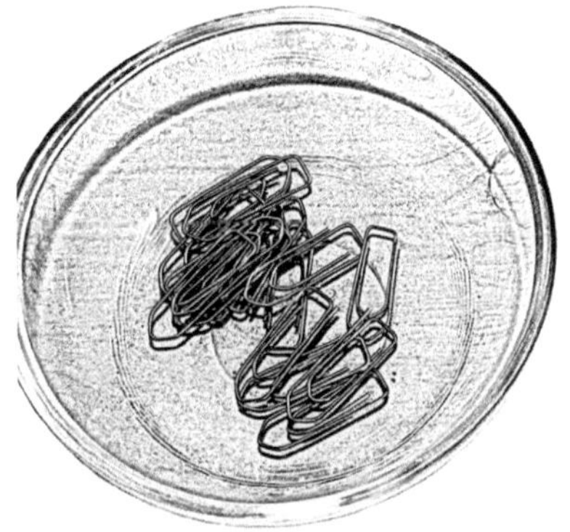

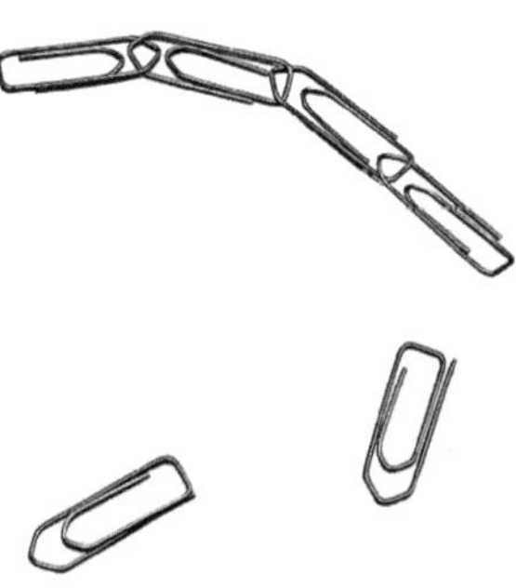

Auge-Hand-Koordination

Geschicklichkeit

Ausdauer

Material

20 Büroklammern

1 Schüssel

Anleitung

Mindestens 20 Büroklammern liegen in der linken Schüssel bereit.

Das Kind fädelt nun die Büroklammern aneinander, und es entsteht und verlängert sich zunehmend die Büroklammernkette.

Zum Schluss nimmt das Kind die Klammern wieder auseinander und legt sie wieder in die Schüssel.

Punkte tropfen

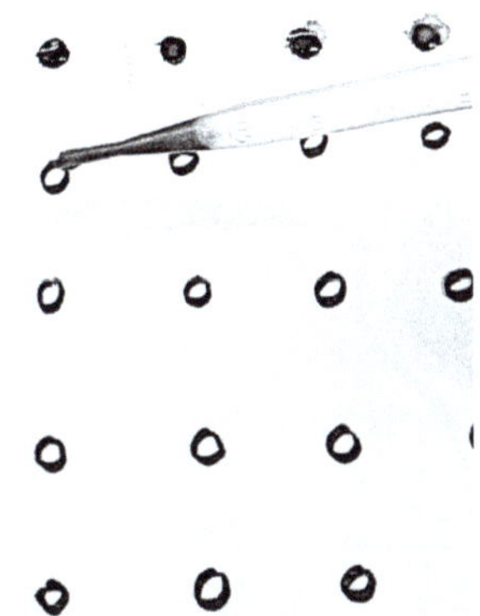

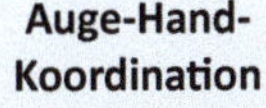

Ausdauer

Material

1 Papierbogen stärkerer Grammatur

1 tablettgroße wasserfeste Unterlage

4 kleine Wassergläschen mit
4 Farben

1 Pipette

1 saugfähiges Tuch

Anleitung

Das Tablett wird mit einer wasserfesten Unterlage ausgekleidet. Links stehen 4 Farbwassergläschen, rechts liegt der Papierbogen, der mit etwa 5 mm großen Kreisen in gleichmäßigen Reihen ausgemalt ist.

Das Kind nimmt mit der Pinzette Farbwasser auf und tropft in Schreibrichtung in die Kreise entlang des Musters.

Ordnen und Sortieren

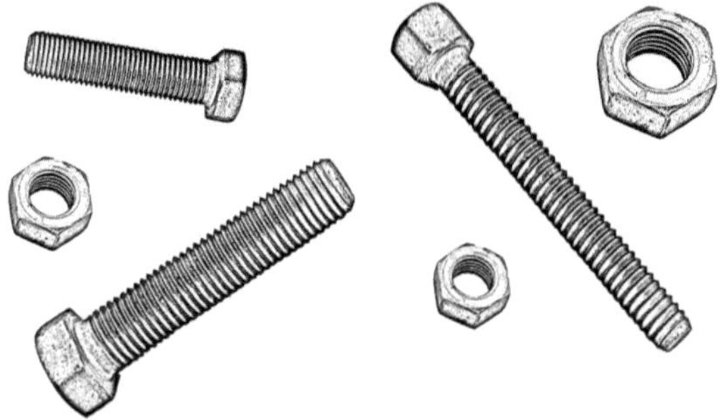

Form- und Farberkennung

Das Ordnen und Sortieren übt den visuellen und taktilen Zugang zur Welt. Es wird gruppiert, sortiert, zusammengelegt.

Durch das Trennen oder Zusammenlegen von form- oder farbähnlichem Material erschließt sich dem Kind die Dingwelt. Die Klassifizierung von Gegenständen nach Form und Farbe verhilft ihm, sich die Welt in ihrem mannigfaltigen Erscheinungsbild zu erschließen.

Formen füllen

Form-
erkennung

Material

4 Sorten Lege-
material

1 große Schüssel

1 Bogen Papier

Abstraktions-
fähigkeit

Anleitung

Links steht eine Schüssel mit dem formgemischten Material. Rechts liegt ein Papierbogen mit den vergrößerten Umrissen des Legematerials – ein großes Gummibärchen, das mit den Gummibärchen ausgelegt wird, ein Knopfumriss, der mit den Knöpfen ausgelegt wird usw.

Als Sortiermaterial können etwa Schokolinsen, Gummibären, Knöpfe, Holzperlen, Kürbiskerne oder Knopfnudeln verwendet werden.

Farb-Klammern

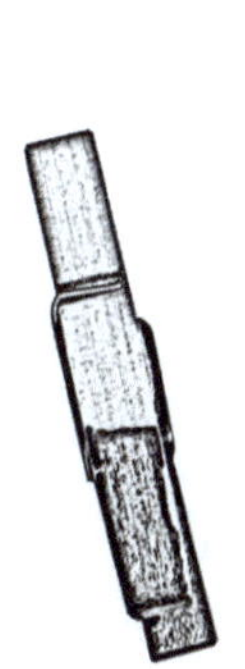

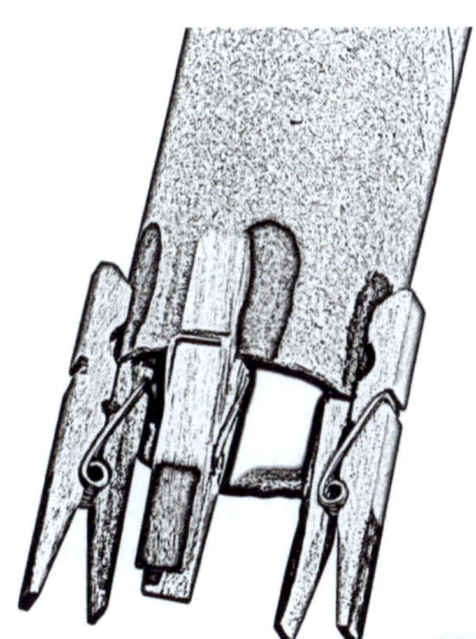

Farb-
erkennung

Material

Wäscheklammern in unterschiedlichen Farben

1 Schüssel

1 Toilettenpapier-rolle

Auge-Hand-
Koordination

Anleitung

Die Wäscheklammern bemalen Sie in unterschiedlichen Farben und legen sie links aufs Tablett. An der Öffnung der Toilettenpapierrolle malen Sie anschließend entsprechende Farbstreifen in der Breite der Klammern.

Das Kind greift die passenden Clips und befestigt sie an die farbig entsprechende Stelle.

Die Menge der Klammern sollte genau abgestimmt sein, sodass der Abschluss der Aufgabe direkt vom Kind erkannt wird. Zum Schluss entfernt es die Klammern wieder und legt alles erneut in Startposition.

Variation

Es können für die gleichen Klammern mehrere Rollen mit unterschiedlichen Farbkombinationen bereitgelegt werden.

Schraubenspiel

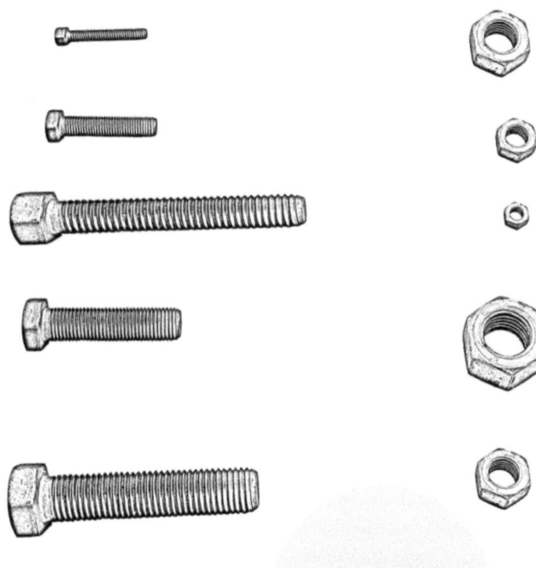

Auge-Hand-Koordination

Form-erkennung

Größen-unterschiede erkennen

Material

5 unterschiedlich große Schrauben und Muttern

Anleitung

Links liegen die Schrauben. Rechts liegen die Muttern.

Das Kind führt nun Schraube und passende Mutter zusammen. Durch Testen der Passgenauigkeit durch Aufschrauben ist Selbstkontrolle und selbständige Lösungfindung möglich.

Fang die Bohne

Auge-Hand-Koordination

Geschicklichkeit

Ausdauer

Material

1 Handvoll Bohnen

1 Handvoll Linsen

3 Schalen (1 große und 2 kleine)

Anleitung

Bohnen und Linsen sind gemischt in einem Gefäß links auf dem Tablett bereitgestellt. Rechts stehen zwei leere Gefäße. Mittig wartet ein Löffel oder eine Pinzette.

Das Kind trennt Bohnen und Linsen voneinander und sortiert sie in die zwei rechten Schüsseln.

Variation

Je feiner die Körner sind und je geringer der Unterschied im Erscheinungsbild und Größe, desto schwieriger ist die Aufgabe.

Beispiele mit steigendem Schwierigkeitsgrad:

- Bohnen und Erbsen
- Bohnen und Reis
- Erbsen und Reis
- Mais und Reis
- Reis und Couscous

Bunte Kerne

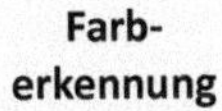

Geschicklichkeit

Konzentration

Material

1 Handvoll Kerne oder Nüsse in Schale

4 Grundfarben (Filzstifte oder Tempera)

1 große und 4 kleine Schüsseln

1 Löffel oder 1 Pinzette

Anleitung

Sie rollen die Knete auf die rechte Tablettseite aus und drücken verschiedene Gegenstände auf die Oberfläche, bis deren Umriss deutlich erkennbar ist. Die Gegenstände selbst legen Sie links auf das Tablett.

Das Kind sucht für jeden Gegenstand den passenden Abdruck und bestätigt die Lösung, indem es diesen auf den Umriss ablegt.

Variation

Für ältere Kinder können Sie die Spuren-Suche mit Naturmaterialien vorbereiten.

Nüsse, Kerne, Hülsenfrüchte, Steine, Muscheln oder Zweige sind haptisch reizvoll und fordern durch ihren nicht ganz so eindeutigen Abdruck eine stärker ausgeprägte Unterscheidungsfähigkeit.

Nadel im Heuhaufen

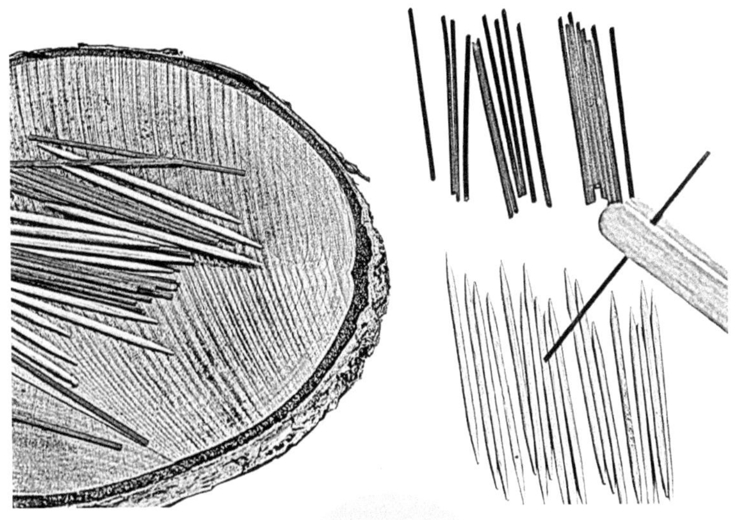

Auge-Hand-Koordination

Material

10 Spaghetti

30 Zahnstocher

Zuordnungsfähigkeit

Ausdauer

Anleitung

Vorbereitend müssen Sie die Spaghetti auf die Länge der Zahnstocher bringen. Zu diesem Zweck halten Sie einen Zahnstocher an eine Spaghetti und brechen diese vorsichtig auf die entsprechende Länge. Es entstehen daraus ziemlich genau drei zahnstocherlange Spaghettistücke – aus Teig und aus Holz: fast zum zum Verwechseln ähnlich.

Links auf dem Tablett steht ein Teller mit gemischtem Inhalt: Spaghetti und Zahnstocher. Rechts warten zwei leere Teller auf das Material.

Das Kind sortiert nun – anhand seiner Finger oder einer Zange – Zahnstocher und Spaghetti auseinander.

Variation

Die Bucatini sind dickere, somit auch festere Spaghetti, die sich besser von den Zahnstochern unterscheiden und einer noch ungeübten Feinmotorik durch ihre Stabilität entgegenkommen. Sie sind daher für jüngere Kinder unter 3 Jahren zu empfehlen.

Farbnester

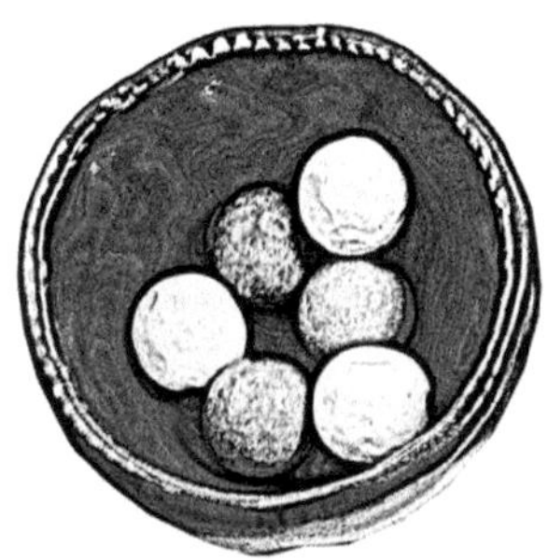

Farb-erkennung

Material

2 Handvoll farbig markierter Kerne

oder bunter Perlen

1 Pinzette

1 große und 4 kleine Schüsseln

Zuordnungs-fähigkeit

Anleitung

Links steht eine Schale mit farbig gemischten Kürbiskernen. Rechts warten entsprechend viele Schüsseln wie Farben im Sortiermaterial vorhanden sind.

Das Kind sortiert die Kerne der Farbe entsprechend in die Schüsseln.

Variation

Eine Pinzette erhöht die Herausforderung.

Die Verwendung von essbarem Sortiermaterial wie Schokolinsen oder Fruchtgummis übt die Impulskontrolle der Kinder, denn vermutlich lockt zwischendurch der Appetit.

Farben stecken

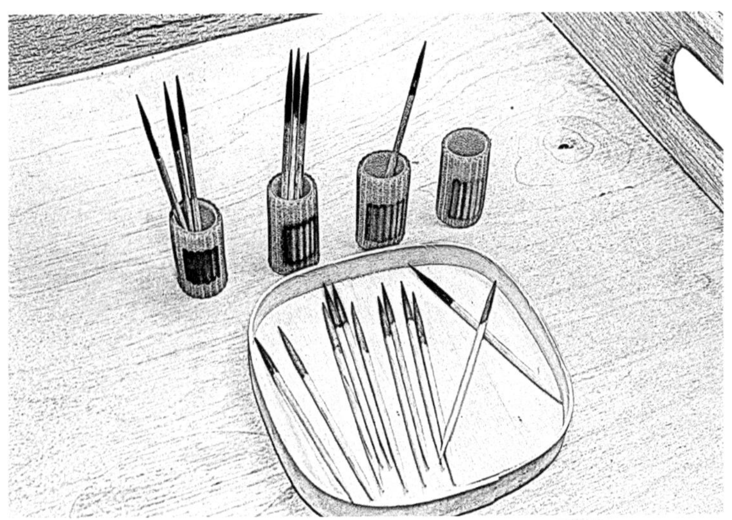

Farb-
erkennung

Material

25 Zahnstocher

5 Cannelloni

Auge-Hand-
Koordination

Anleitung

Je fünf Zahnstocher werden an einer Spitze mit einer der fünf Grundfarben Grün, Blau, Rot und Gelb bemalt. Ebenfalls werden fünf Röhrennudeln an der Seite mit den Farben markiert.

Links legen Sie nun die farbig gemischten Stäbchen, rechts stellen Sie fünf Hohlnudeln auf.

Es gilt nun, die Stäbchen farbig sortiert in die passenden Röhrennudeln zu stecken.

Variation

Für jüngere Kinder ist es zu empfehlen, die Röhrennudeln an einer Pappe festzukleben, um bei der Entnahme des Aktionstabletts oder der Übung selbst Standfestigkeit zu ermöglichen.

Für das Üben der Feinmotorik als auch für einen stärkeren Motivationsimpuls für ältere Kinder kann eine Pinzette bereitgestellt werden.

Topf und Deckel

Größen-
unterschiede
erkennen

Material

5 bis 8 Gläser/Dosen

dazu passende Deckel

Konzentration

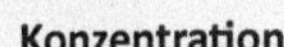

haptische
Wahrnehmung

Anleitung

Dosen oder Gläser mit ihren Deckeln auf das Tablett legen, die Deckel links, die Dosen rechts.

Das Kind sortiert die Deckel passend zu den Dosen. Es kann dabei über die Selbstkontrolle (passt oder passt nicht?) erkennen, ob die Aufgabe erfolgreich bewältigt wird.

Eier legen

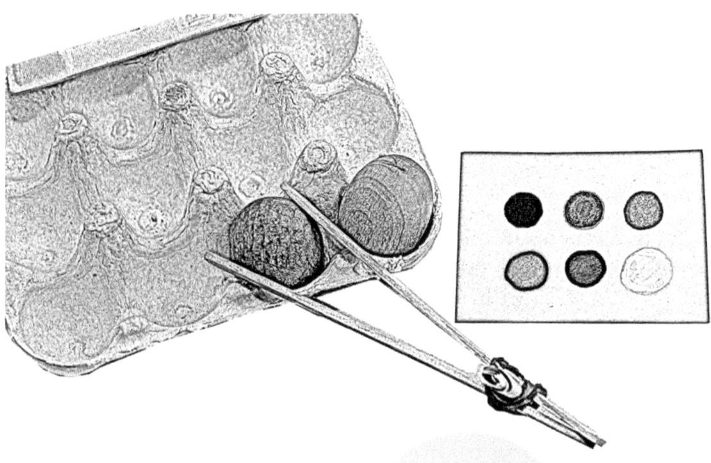

Farb-
erkennung

Material

1 Eierkarton

6 oder 10 farbige Eier, Perlen oder angemalte Steine

5 A5-Musterkarten

1 Pinzette

Auge-Hand-
Koordination

Anleitung

Legen Sie das farbige Material links auf das Tablett, rechts steht die leere Eierpackung, die Pinzette und die A5-Karten. Diese bemalen Sie mit entsprechend vielen farbigen Kreisen wie Eierpackung und Legematerial vorgeben.

Das Kind ordnet die farbigen Eier oder Perlen entsprechend der Musterkarte.

Variation

Für ältere Kinder können Sie statt einer 6-Eier-Packung eine 10-er-Packung wählen.

Jüngere Kinder unter 3 Jahren meistern die Aufgabe, wenn die Abstraktion der Legeaufgabe verringert wird, indem Sie Farbpunkte direkt in die Kuhlen der Eierpackung hineinmalen.

Farbfolge stecken

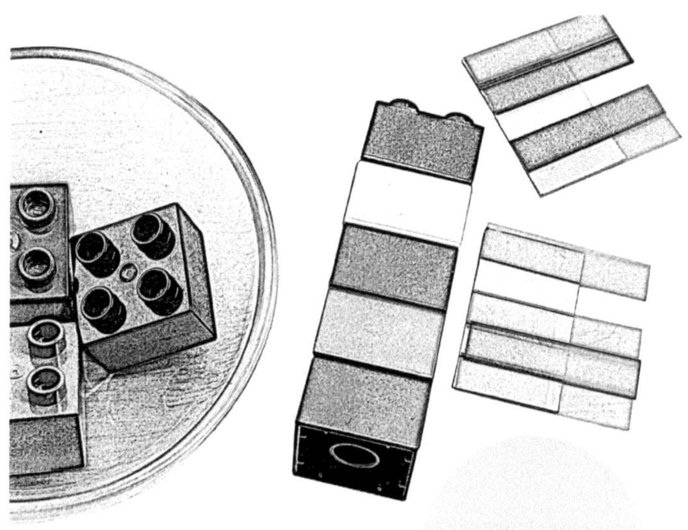

Farb-erkennung

Material

5 - 8 Legosteine

5 Tonpapierstreifen, Buntstifte oder Haftstreifen in den Grundfarben

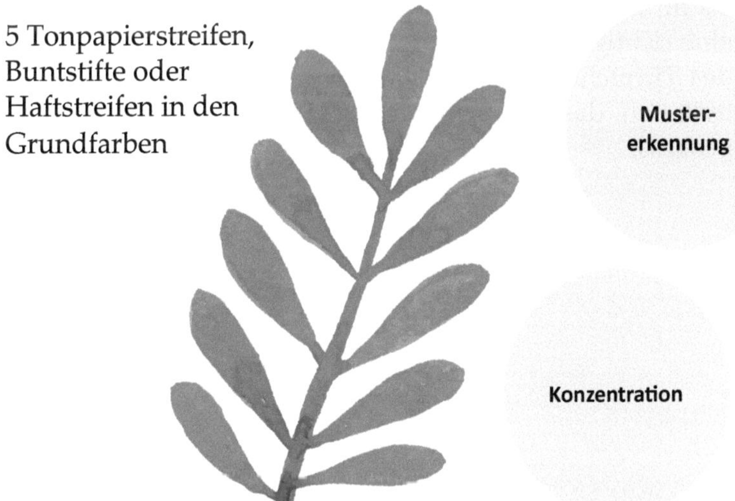

Muster-erkennung

Konzentration

Anleitung

Links steht die Schale mit den Legosteinen; Farbe und Anzahl sollten dem ausgelegten Muster entsprechen. Das Farbmuster kleben Sie auf einem Pappstück mit Haftstreifen oder malen es auf.

Das Kind steckt nun die Legosteine entsprechend dem Muster ineinander. An der leeren Materialschale erkennt es, wenn die Legeaufgabe beendet ist. An der übereinstimmenden Farbreihenfolge kann es die Richtigkeit der Aufgabe prüfen.

Variation

Fangen Sie mit 5 zweifarbigen Stecksteinen an. Erweitern Sie die Bausteinanzahl und die Farbauswahl für ältere Kinder.

Legen Sie für ältere Kinder mehr Steine in die Schüssel als für die Musternachbildung nötig. So erkennt das Kind eine richtig gemachte Aufgabe allein an der Entsprechung des Türmchens mit der Musterkarte – und integriert die Irritation, dass noch Steinchen übrig sind, in seinen Lernprozess.

Punktereigen

Graphomotorik

Farb-
erkennung

Ausdauer

Material

4-5 Farbstifte

1 Papierbogen mit vorgemalten Kreisen

Anleitung

Der erste Kreis am Anfang einer Reihe ist bereits farbig markiert.

Das Kind wählt den in der Farbe passenden Stift und malt die Kreise in Schreibrichtung der Reihe nach aus. Gelangt es anschließend zur Folgezeile, so wechselt es die Farbe und fährt fort.

Logische Reihen

logisches Denken

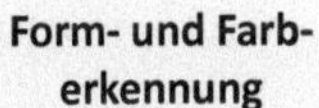

Konzentration

Material

5 geometrische Formen in 3-facher Ausführung

10 Aufgabenkarten

Anleitung

Auf einem Papierbogen malen Sie geometrische Formen in beliebiger Reihenfolge und gehen nach 2, 5 oder 7 hintereinander gelisteten Formen in die Wiederholung – diese unterbrechen Sie an beliebiger Stelle mit einem Fragezeichen. (Beispiel mit Buchstaben: A B C D E A B C ?)

Stellen Sie die verwendeten geometrischen Formen aus Tonpapier oder Moosgummi in mind. 3-facher Ausführung her.

Das Kind legt die Reihe mit den Formen nach und erkennt dabei, nach welcher Logik diese aufeinanderfolgen; es kann nun die gesuchte Form an die Leerstelle legen und die Aufgabe erfolgreich lösen.

Variation

Für ganz junge Kinder von 3 Jahren reichen zwei oder drei Formen, die in die Wiederholung gehen; die Aufeinanderfolge und die fehlende Form ist auf diese Weise leichter zu erfassen.

Entsprechend dem Alter des Kindes kann auch die Formenanzahl und -vielfalt wachsen, oder die Formen werden für Grundschulkinder durch Buchstaben oder Zahlen ersetzt.

Gleich zu gleich

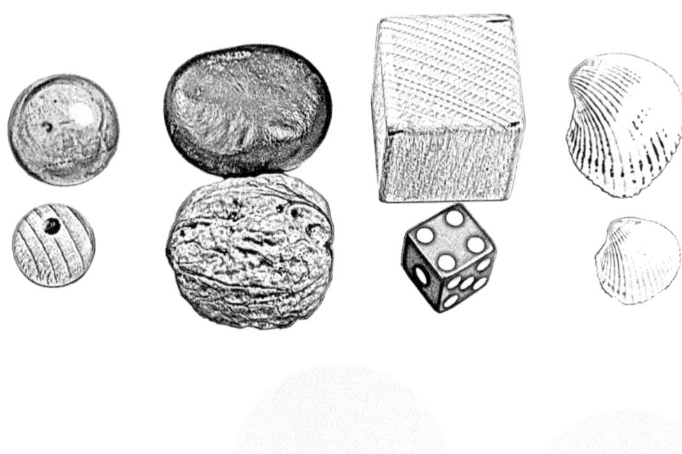

Beobachtung

Konzentration

haptische Wahrnehmung

Material

je 2 unterschiedliche Dinge in konträrer Form: rund und eckig, glatt und rau, klein und groß

3 Schüsseln

Anleitung

Sammeln Sie in der Natur oder im Haushalt Gegenstände, die bezüglich ihrer Form oder Oberflächenbeschaffenheit gruppierbar sind.

Rund: Fädelperlen, Murmeln, Flummis
Eckig: Radiergummi, Würfel, Bauklotz
Rau: Walnuss, Muschel, Korken
Gerippt: Cannelloni, Cordstoff, Wellpappe

Übungen des täglichen Lebens

Pflege der Umgebung
und der eigenen Person

Zu den Übungen des täglichen Lebens gehören die Pflege der Umgebung und die Pflege der eigenen Person. Das Kind poliert, wischt, faltet, löffelt oder fegt.

In diesem Kapitel lernt das Kind, Dinge oder sich selbst in Ordnung zu halten, Arbeitsschritte in der richtigen Reihenfolge zu koordinieren (Sequenzierung) und sorgfältig mit Materialien umzugehen, es erfährt Selbstwirksamkeit und soziales Handeln.

Münzen sortieren

Gesetze des sozialen Lebens

Form- und Farberkennung

Konzentration

Material

Münzen: 1 Cent,
2 Cent, 5 Cent,
1 Euro, 2 Euro

1 große Schale

5 kleine Schälchen

Anleitung

Links steht die große Schale mit den gemischten Münzen. Rechts warten 5 leere Schälchen.

Das Tablett fordert das Kind auf, die Münzen nach Wert in die Schälchen zu sortieren.

Jüngere Kinder werden eher nach Erscheinungsbild, nach Größe und Farbe sortieren und lernen nebenher die Zahlen.

Variation

Eine Pinzette zum Greifen der Münzen übt zusätzlich die Feinmotorik.

Wäsche hängen

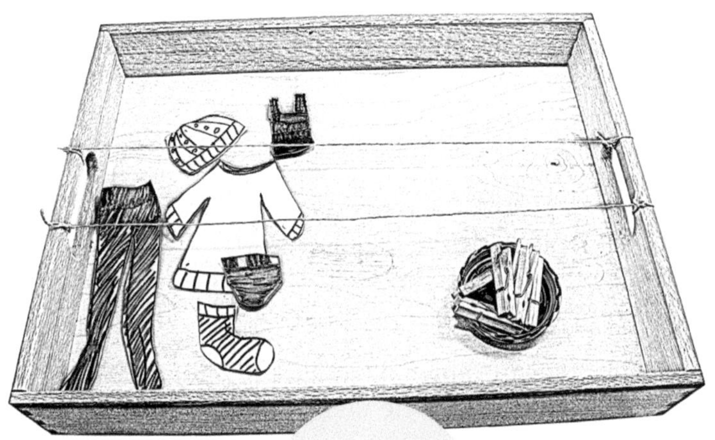

Pflege der eigenen Person

Auge-Hand-Koordination

Form- und Farberkennung

Material

1 Backofen-/Mikrowellen-Gitter oder Bindfaden

10 Wäscheklammern

10 aus Papier gefertigte und bemalte Kleidungsstücke in Miniatur, alternativ Puppenkleidung

Anleitung

An den Griffen des Tablettes oder an den Rändern einer offenen Pappkiste wie beispielsweise einem Schuhkarton spannen Sie so straff wie möglich dickeren Strickgarn oder Paketband. Alternativ können Sie ein Ofen- oder Microwellengitter auf dem Tablett legen.

Anschließend bereiten Sie die „Kleidungsstücke", die Sie auf Papier skizzieren und ausschneiden: Hose, Socken, Unterhemd, Pullover, Mütze.

Auf dem fertigen Tablett liegt nun die Miniatur-Kleidung aus und entsprechend viele Wäscheklammern.

Das Kind befestigt nun mit den Clips die Kleidung auf die Leine.

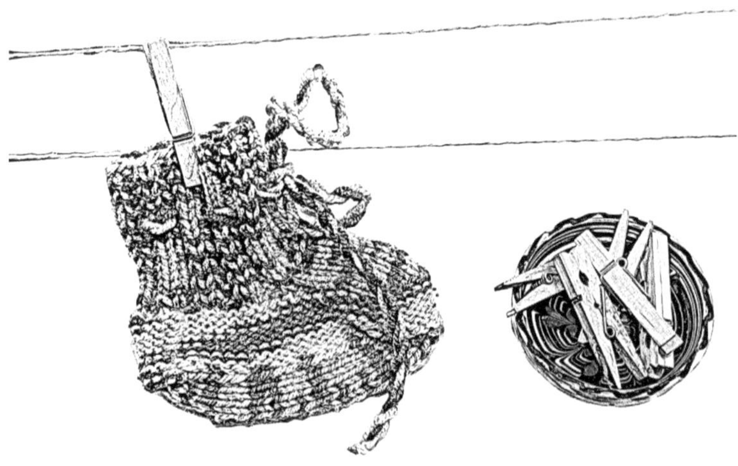

Holz polieren

Pflege der Umgebung

Sequenzierung

Merkfähigkeit

Material

1 kleine Flasche mit Poliermittel

1 kleine Schüssel

1 Esslöffel Holzpolitur aus Öl und Essig

1 Schwämmchen/ Wattebausch zum Auftragen der Politur

1 Stofftuch zum Polieren

Anleitung

Zuerst bereiten Sie ein natürliches Holzpflegemittel aus zwei Teilen Olivenöl mit einem Teil Essig.

Links platzieren Sie die Schüssel mit Holzpolitur und das Schwämmchen zum Auftragen. Alternativ kann das Poliermittel in einer zusätzlichen Schraubverschluss- oder Sprühflasche neben der leeren Schüssel liegen, sodass die Kinder selbst das Mittel in das Gefäß geben. Mittig liegt das Poliertuch, rechts befinden sich die Gegenstände aus Holz, die auf den neuen Glanz warten.

Als allererstes führen Sie dem Kind die Schritte vor:

Sie geben drei erbsengroße Tropfen Poliermittel aus der Flasche in die Schüssel. Anschließend tunken Sie den Wattebausch oder Schwamm in die Politur und tragen sie auf das Holzstück auf. Den Wattebausch oder Schwamm legen Sie an seinen Ort zurück und nehmen das Poliertuch, mit dem Sie nun das Pflegeöl sachte in das Holzstück einreiben. Nun legen Sie alles wieder zurück – das Kind ist an der Reihe!

Besteck polieren

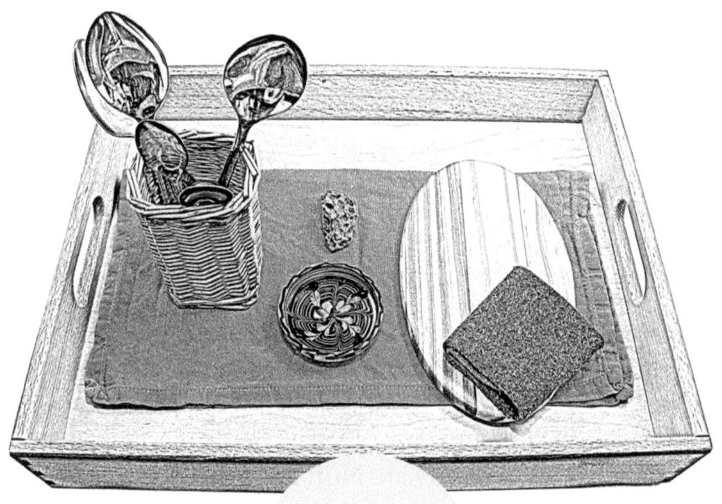

Pflege der Umgebung

Sequenzierung

Merkfähigkeit

Material

Besteck

1 kleine Schüssel mit Poliermittel aus Essig und Wasser

1 Schwämmchen/ Wattebausch zum Auftragen der Politur

1 Baumwolltuch

Anleitung

Zuerst bereiten Sie die Metallpolitur vor und mischen dazu in einer Schüssel Wasser und Essig im Verhältnis 1:1. Sie wartet zusammen mit einem Schwamm in der Mitte des Tabletts. Links davon stellen Sie Ess- und Teelöffel in ein Glas, rechts davon legen Sie ein Poliertuch und ein Brettchen (oder Glas) für das Ablegen des sauberen Bestecks.

Als allererstes führen Sie dem Kind die Handlung vor:

Sie nehmen sich einen Löffel, tunken den Schwamm ins Essigwasser und polieren das Metall. Anschließend legen Sie den Schwamm ab, verwenden das Baumwolltuch zum Trocknen und Polieren der Oberfläche und legen das Besteck abschließend rechts ab. Nun übernimmt das Kind.

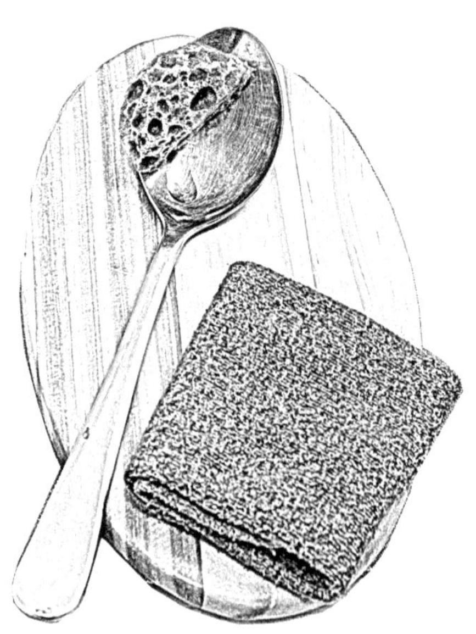

Spielzeug waschen

Pflege der Umgebung

Sequenzierung

Merkfähigkeit

Auge-Hand-Koordination

Material

1 Wasserschüssel oder Sprühflasche

1 kleine Bürste, Schwamm und Tuch

2-3 wasserunempfindliche Spielzeuge

1 großes Unterlegtuch

Anleitung

Auf dem Tablett stehen links die Wasserschüssel, mittig die Bürste, ein Schwamm und ein Tuch, rechts befinden sich die zu säubernden Spielzeuge. Diese können aus Holz oder Kunststoff sein, vermeiden Sie rostende Materialien.

Als Auftakt zeigen dem Kind den Ablauf Schritt für Schritt, dann darf es selbst loslegen:

Es taucht das Tuch ins Wasser und benetzt die Spielzeuge, es reibt mit dem Schwamm und bürstet mit der Bürste. Anschließend legt es das Spielzeug wieder rechts ab.

Spiegel polieren

Pflege der Umgebung

Auge-Hand-Koordination

Material

1 kleiner Handspiegel

1 weiches Tuch aus Baumwolle oder Microfaser

1 Sprühflasche (oder Wasserglas)

Anleitung

Links steht die Wasserflasche oder das -glas. Als Reinigungsflüssigkeit können Sie Wasser oder ein Essig-Wasser-Gemisch verwenden, letzteres vermeidet Streifen. Rechts auf dem Tablett liegen Spiegel und Poliertuch.

Zeigen Sie dem Kind die Arbeitsschritte.

Das Kind wird das Tuch benetzten und sich dem Spiegel zuwenden, bis es sich ganz streifenfrei in ihm betrachten kann.

Reis fegen

Pflege der Umgebung

Ordnungssinn

Ausdauer

Material

1 Handvoll Reis in einer Schüssel

1 Handbesen mit Kehrschaufel

Anleitung

Reisschüssel und Kehrgarnitur warten auf dem Tablett.

Das Kind darf den Reis auf das Tablett ausschütten. Anschließend fegt es die Körner anhand des Besens auf den Kehrer und kippt sie zurück in die bereitgestellte Schüssel. Es darf die Aufgabe beliebig häufig wiederholen.

Schuhe putzen

Pflege der eigenen Person

Sequenzierung

Merkfähigkeit

Material

1 Paar Schuhe aus Glattleder oder Gummischuhe

1 Teelöffel Kokosöl oder 100 ml Shampoo-Essig-Wasser in einer Schüssel

1 weiches Poliertuch

1 kleine Bürste

1 große Bürste

Anleitung

Die Schuhpolitur bereiten Sie aus 100 ml Wasser, einem Tropfen Shampoo und einem Schuss Essig vor.

Die Schuhe können rechts oder mittig auf dem Tablett liegen. Wichtig ist die Aufstellung der Putzutensilien entsprechend der Reihenfolge ihrer Verwendung: Politur, kleine Bürste, Tuch und große Bürste. Dies erleichtert es gerade jüngeren Kindern, den Handlungsablauf zu verinnerlichen.

Nach einer Vorführung der einzelnen Schritte durch Sie übernimmt das Kind: Es nimmt mit der kleinen Bürste die Pflegelösung auf und reibt sie auf der Schuhoberfläche. Anschließend poliert es die aufgebrachte Lösung mit dem Tuch und bürstet abschließend mit der großen Bürste Glanz auf die Oberfläche.

Variation

Für Kinder bis 3 Jahre ist die Reduzierung der Pflegeutensilien auf Wasser, Baumwolltuch und Gummischuhe sinnvoll; jüngere Kinder interessiert primär die experimentellen Erfahrungen mit dem Material als das Putzergebnis.

Handtuch falten

Material

5 quadratische Küchentücher oder Servietten

Pflege der Umgebung

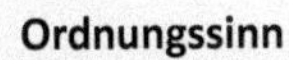

Auge-Hand-Koordination

Anleitung

Als Vorbereitung markieren Sie fünf handliche, ca. 30 x 30 cm große, quadratische Geschirrtücher, Servietten oder Stofftaschentücher mit einem Filzstift beidseitig an der späteren Faltkante entlang und legen diese übereinander ausgebreitet auf die linke Seite des Tabletts. Die einfachen Muster mit nur einer Faltkante machen den Anfang und liegen demnach oben auf dem Stapel.

Faltmuster zum Legen eines ein- oder mehrfach gefalteten Dreiecks und Vierecks zeigt die Abbildung zu diesem Aktionstablett.

Führen Sie dem Kind die Übung vor, indem Sie zuerst mit dem Zeigefinger die Linie entlangwandern, die zuerst gefaltet werden soll, und anschließend das Tuch entlang der Markierung zusammenlegen.

Das Kind führt nun seinerseits die Bewegungsabläufe aus.

Besteck sortieren

Pflege der Umgebung

Material

1 Behälter mit Löffeln, Gabeln, Messern

1 Blatt mit den Besteckumrissen

Ordnungssinn

Anleitung

Links steht das Besteckglas, rechts der Papierbogen mit 4 Umrissen von Messer, Gabel, Ess- und Teelöffel.

Es gilt, das Besteck auf den passenden Umriss zu sortieren, bis alle Teile richtig gruppiert sind.

Es gelingt nicht, mehr als 2 Besteckteile übereinanderzulegen, sodass Sie maximal 8 Stück zur Sortierung anbieten können. Stellen Sie hingegen hochwandige Gläser oder ein Besteckkasten als Sortiergefäß auf, so kann entsprechend mehr Besteck verwendet werden.

Schnürsenkel binden

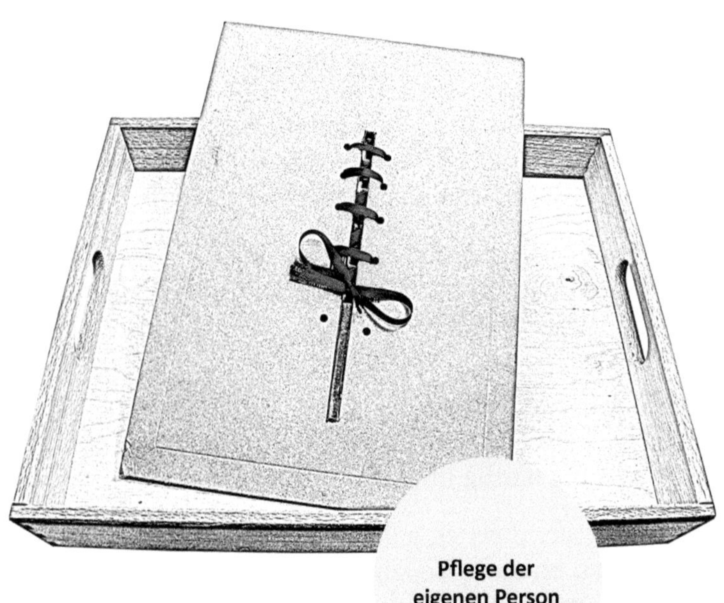

Pflege der eigenen Person

Material

1 Versandumschlag

1 Schnürsenkel

Merkfähigkeit

Geschicklichkeit

Anleitung

Ein mittelgroßer Versandumschlag kann für diese Übung folgendermaßen präpariert werden: Sie schneiden einen etwa 2 mm breiten und 15 cm langen Schlitz in die vorderste Fläche. Mit dem Locher stanzen Sie beidseitig entlang des Schlitzes Löcher in regelmäßigen Abständen.

Anschließend wird der Faden in gleicher Weise wie bei einem Schnürsenkel durch die Löcher gezogen. Die Enden hängen locker herunter.

Das Kind kann nun sowohl das Einfädeln als auch die Schleife – nach kurzem Vorzeigen durch einen Erwachsenen – beliebig häufig üben.

Wussten Sie, dass es ganz unterschiedliche Arten gibt, Schleifen zu binden? Sie können dem Kind mehrere Arten vorführen, es sucht selbst die für sich ansprechende heraus, die es dann wiederholt in diesem Aufbau üben kann.

Mörsern

Nahrung zubereiten

Material-erfahrung

Material

3 Schalen (2 zum Lagern, 1 zum Mörsern)

1 Mörser

Eierschalen, Walnüsse, trockene Blätter oder Kreide

Anleitung

Links steht eine Schüssel mit dem zu zerkleinernden Material, in der Mitte wartet der Stößel im Mörser, rechts ist ein leerer Behälter, der die zerriebenen Schalen oder Nüsse aufnehmen soll.

Das Kind legt sich so viel Material, wie es wünscht, in den Mörser, zerkleinert es durch Drücken, Stoßen und Reiben und schüttet abschließend das so entstandene Pulver in das rechte Sammelbehältnis.

Socken sortieren

Pflege der Umgebung

Ordnungssinn

Material

5 Sockenpaaren in deutlich unterschiedlichen Farben

1 Korb

Farb-erkennung

Anleitung

Die Sockenpaare liegen gemischt in einer Schüssel, sie dürfen nach Farbe, Muster und Größe sortiert werden.

Für jüngere Kinder unter 3 Jahren sollten die Socken eindeutig unterschiedliche Farben oder Muster aufweisen, ältere Kinder werden durch möglichst ähnliche Sockenpaare herausgefordert.

Öffnen und schließen

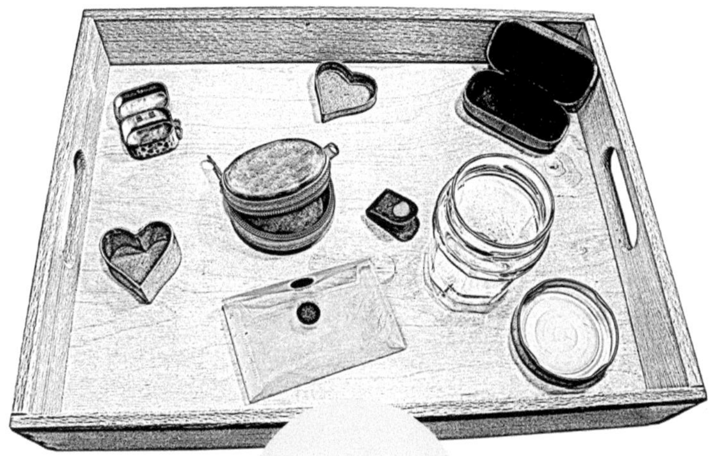

Beobachtung

Material

6-10 Dosen oder Gläser mit unterschiedlichen Verschlussarten

Auge-Hand-Koordination

Ordnungssinn

Anleitung

Auf dem Tablett stehen Gläser, Dosen, Fläschchen, Umschläge oder Brieftaschen mit unterschiedlichen Verschlüssen: Zipper, Klett, Magnet, Klapp-, Schraub- oder Reißverschluss.

Besonders auf jüngere Kinder unter 4 Jahren üben unterschiedlich verschlossene Behälter eine magische Anziehung aus.

Das Kind geht hierbei seiner Neugierde nach und schließt und öffnet beliebig häufig die unterschiedlichen Klappen und Deckel.

Körner löffeln

Auge-Hand-Koordination

Material

4 Körnersorten

1 große und 4 kleine Schalen

1 Löffel

Ausdauer

Anleitung

Die gemischten Körner aus der linken Schüssel werden sortentreu auf vier Gläser verteilt.

Variation

Je gröber oder größer der Löffel, beispielsweise durch die Verwendung eines Holzlöffels oder einer Soßenkelle, desto herausfordernder ist das Schippen der Körner.

Welterfahrung und Ursache-Wirkung

Beobachtung und Kreativität

Der Schlüssel zur Welt sind
die eigenen Sinne aber auch:
Lupe, Taschenlampe, Strohhalm und
Magnet. Forscher sein, sich die Welt
experimentell erschließen, die Gesetzmäßigkeiten der Natur erfahren und Kausalität
erkennen - das Kind erlebt sich selbst als Teil
des Ganzen.

Dies erweitert den Erfahrungsschatz,
fördert die Sprachentwicklung, macht
kreativ und neugierig - eine Basis für
lebenslange Lernmotivation und
Lernfreude.

Natur-Konfetti

Auge-Hand-Koordination

Beobachtung

haptische Wahrnehmung

Material

10 frische oder getrocknete Blätter unterschiedlicher Pflanzen

1 Locher

1 Schälchen

Anleitung

Sammeln Sie die Blätter in der Natur, am besten gemeinsam mit dem Kind. Suchen Sie Blätter in unterschiedlichen Grüntönen, in unterschiedlicher Dicke und Größe.

Öffnen Sie bei dem Locher den unteren Boden, damit das Konfetti beim Stanzen unmittelbar herausfällt.

Links liegen die Blätter, rechts steht die Schale für die fertigen Konfetti und der Locher.

Das Kind wählt ein Blatt aus und locht es beliebig häufig. Das Blatt-Konfetti sammelt es nun mit den Fingern auf und legt es in die dafür bereitgestellte Schüssel.

Blubberblasen

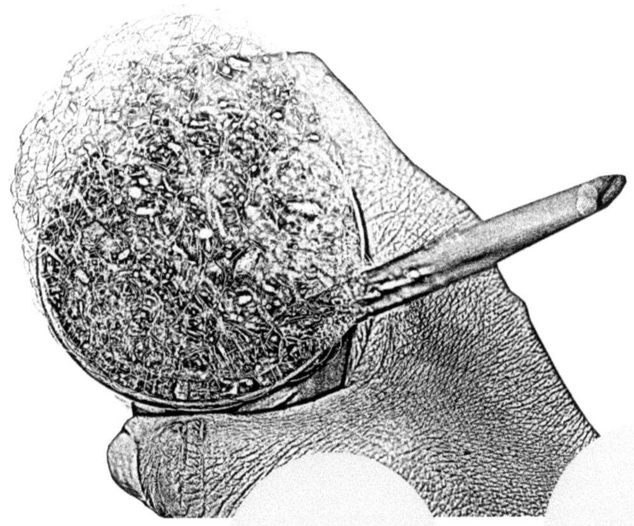

Mundmotorik

Beobachtung

Material

1 Strohhalm

1 Glas mit 100 ml Wasser

1 Tropen Spülmittel oder Shampoo

1 tablettgroßes wasserfestes Tuch

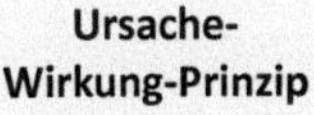

Erzähl-förderung: Was passiert gerade?

Anleitung

Das Tablett ist mit einem wasserfesten Tuch ausgelegt oder Sie verwenden eine Kunststoffwanne. Darauf stehen ein Wasserglas, ein Spender oder eine Flasche mit Spülmittel oder Shampoo und ein Strohhalm, dazu ein Baumwolltuch.

Das Kind tropft das schäumende Mittel in das Glas, steckt den Strohhalm in die Flüssigkeit und pustet. Es beobachtet, wie Blasen entstehen. Je länger das Kind pustet, desto mehr Blasen bilden sich und perlen über den Glasrand. Je kräftiger es pustet, desto mehr Seifenblasen lösen sich und schweben durch die Luft.

Magnetspiel

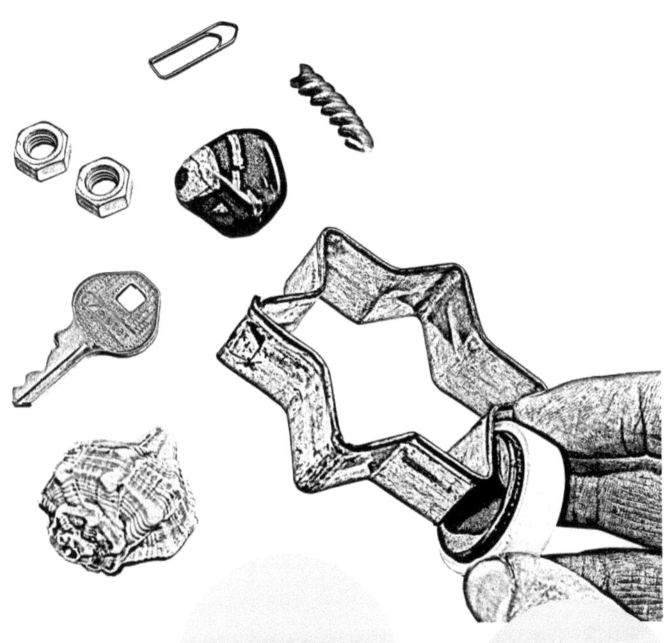

Material-
erfahrung

Ursache-
Wirkung-Prinzip

Material

rd. 10 Gegenstände aus Metall, Kunststoff, Holz

1 Magnet (am Faden)

Erzähl-
förderung:
Welche Gegen-
stände ziehen
sich an?

Anleitung

Sie bereiten das Tablett vor, indem Sie im oberen Tablettfeld acht oder mehr Gegenstände in Reihe legen, die teils aus Metall, teils aus nicht magnetischem Material bestehen. Rechts liegen zwei leere Schalen und ein Magnet.

Das Kind testet nun mittels des Magnetes, welcher Gegenstand angezogen wird und welcher nicht, und verteilt die Materialien auf die zwei Schalen.

Variation

Für ältere Kinder stellen Sie metallisch aussehende, jedoch nicht magnetische Gegenstände mit zur Auswahl, z.B. Gebrauchsgegenstände aus Aluminium und Edelstahl oder silbern gefärbter Kunststoff, der häufig im Spielzeugbedarf anzutreffen ist.

Eine interessante Entdeckung machen ältere Kinder, wenn Sie Münzen für dieses Aktionstablett verwenden: 10-, 20- und 50-Cent-Stücke sind nicht magnetisch, wohingegen 1-, 2- und 5-Cent-Stücke stark magnetisch sind. 1- und 2-Euro-Stücke sind am äußeren Ring nicht magnetisch, am Mittelstück aber leicht magnetisch.

Gesichter legen

emotionale Entwicklung

soziale Kompetenz

Erzähl-förderung: Was fühlt er/sie?

Material

1 Blatt mit aufgemaltem Kopfumriss, samt Haaren, Augen und Nase; es fehlen Augenbrauen und Mund

50 Stück Legematerial wie Muggelsteine, Kaffeebohnen, Gummibären oder Fädelperlen

Anleitung

Malen Sie auf einem Papierbogen einen Kopf mit Augen, Nase, Haaren, Ohren. Links davon platzieren Sie die Schüssel mit beliebigem Legematerial und vier Musterblättern mit den vier Grundemotionen: traurig, froh, wütend, ängstlich, wobei die Augenbrauen und der Mund die Emotion auf überzeichnete Art wiedergeben und farbig hervorgehoben sind.

Erweitern können Sie die Gefühlspalette durch: jubeln, schreien oder weinen.

Das Kind legt entsprechend der Musterblätter die Augenbrauen und den Mund auf dem Bogen mit dem unvollständigen Gesicht nach.

Nudeln sieben

Material-
erfahrung

Material

10 Nudeln

1 Handvoll Sand
oder Zucker

1 große und
2 kleine Schüsseln

1 Löffel

1 Sieb

Übung des
täglichen Lebens

Ausdauer

Anleitung

Vermischen Sie den Sand oder das Zucker mit den Nudeln im größeren Gefäß und stellen Sie dieses links aufs Tablett. Rechts stehen die leeren Schüsseln, in der Mitte liegen das Sieb und der Löffel.

Das Kind legt das Sieb auf einer der beiden rechten Gefäße und löffelt das Nudel-Mehl-Gemisch in das Sieb. Anschließend rührt es mit dem Löffel so lange, bis das Mehl gänzlich durchgerieselt ist und die Nudeln zurückbleiben.

Variation

Die Nudeln können durch Reis oder Linsen ersetzt werden.

Sandmalen

Graphomotorik

Material

200 g Sand oder Salz

1 Stöckchen oder Kugelschreiber ohne Mine

Auge-Hand-Koordination

Anleitung

Um auf dem gleichen Tablett sowohl Musterkarten als auch Sand auszulegen, sollten Sie das Tablett mittig teilen. Eine reversible Sand-Barriere ist aus einem gerollten Filztuch oder Geschirrtuch unkompliziert und schnell herstellbar; ein Küchengummi oder Kreppband an den äußeren Enden gibt der Rolle Stabilität. Alternativ kann man für die rechte Tablettseite eine Plastikwanne verwenden.

Gießen Sie nun den Sand auf die rechte Tablettfläche oder in die Wanne und streichen oder schütteln Sie es glatt. Links liegen Musterkarten mit geometrischen Figuren und fließenden Formen wie Viereck, Wirbel, Kreis oder Zickzack. Für Kinder ab 4 oder 5 Jahren kommen Buchstaben und Zahlen hinzu.

Nun kann das Kind die vorgelegten Muster mit dem Stöckchen im Sand nachmalen. Ganz junge Kinder unter 2 Jahren verwenden den Zeigefinger.

Legen Sie den Sand nur dünn aus, sodass er beim Schreiben bis zum Tablettboden auseinandergedrückt wird: Dies lässt die gemalte Spur optisch besser zur Geltung kommen.

Schwamm-Presse

Material-erfahrung

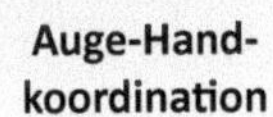

Material

1 Knoblauchpresse

8 kleine Schwämme

2 Schüsseln

Übung des täglichen Lebens

Anleitung

Schneiden Sie einen Küchenschwamm in kleine Würfel. Diese werden in einer Wasserschüssel links auf das Tablett gelegt. Rechts warten die Knoblauchpresse und eine leere Schüssel auf Welterkundler.

Es gilt, das Wasser mit der Presse Schwamm für Schwamm in das rechte Gefäß auszudrücken. Die fertig ausgewrungenen Schwämme kommen wieder zurück in die linke Schwammschüssel, nehmen erneut Wasser auf und gehen wieder den Weg zur Presse, bis alle Schwämme trocken sind und das Wasser vollständig ins rechte Gefäß „umgezogen“ ist.

Haare schneiden

Geschicklichkeit

Material

1 Blatt Papier in Hochformat mit „Lange-Mähne-Kopf“

1 Schere

Auge-Hand-Koordination

Anleitung

Vorbereitend malen Sie im unteren Teil eines Papierbogens ein Augen-Nase-Mund-Gesicht und skizieren dazu mittels langer vertikaler Wellenlinien, die mind. 2/3 des Blattes einnehmen, die langen Haare. Zwischen den Linien schneiden Sie das Papier in Streifen vor.

Das Kind ist nun der Friseur und kürzt die Papierfrisur.

Bohnen sieben

Ausdauer

Beobachtung

Übung des täglichen Lebens

Material

1 Handvoll Bohnen, Linsen oder Reis

1 weithalsige Flasche oder anderes Schüttgefäß

1 Sieb

1 Schüssel oder Glas

Anleitung

Auf dem Tablett steht links eine mit Getreide oder Hülsenfrüchte gefüllte Schüssel und ein leeres Gefäß. In der Tablettmitte liegen Esslöffel und Sieb. Rechts davon befindet sich eine (weithalsige) mit Wasser gefüllte Flasche oder Gießkanne.

Das Kind bedient sich des Löffels, um das Siebmaterial in die Wasserflasche zu befördern. Anschließend schüttet es das Gemisch in das nun leere linke Gefäß, indem es das Sieb darauf platziert und es als Auffangbehälter für die Körner verwendet.

Variation

Gerade Hülsenfrüchte quellen in kürzer Zeit im Wasser auf, sodass sie innen am Glas haften bleiben oder nicht mehr durch den Flaschenhals passen. Daher sollte das Schüttmaterial nicht schon vor Übungsbeginn im Wasser liegen.

Eine Alternative ist, gerade für jüngere Kinder, nicht saugfähiges Schüttmaterial wie kleine Legosteine oder Kunststoffperlen.

Kettenbilder

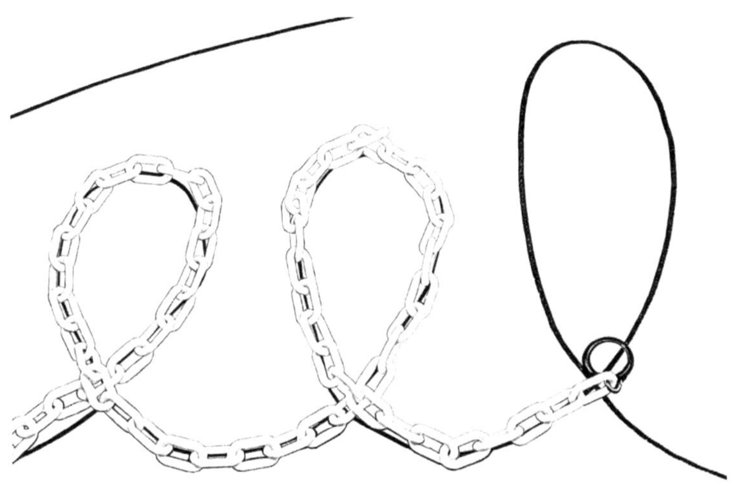

Material

1 Kette

1 Papierbogen mit aufgemalter Schwunglinie

Auge-Hand-Koordination

Ausdauer

Anleitung

Das Tablett wird ausgekleidet mit einem Papierbogen, den Sie zuvor mit einer durchgängigen, geschwungenen Linie bemalt haben. Eine Gliederkette oder auch Halskette liegt anbei.

In Ermangelung einer Kette können Sie aus zusammengesteckten Büroklammern in kürzeste Zeit eine solche herstellen. Wichtig ist, dass die Kette längengenau zum Schwungmotiv passt.

Das Kind legt nun die Kette entlang der Linie.

Variation

Je feiner die Kettenglieder und je schwungvoller die Musterlinie, desto höher ist die Herausforderung in Feinmotorik und Ausdauer.

Schwamm-Brücke

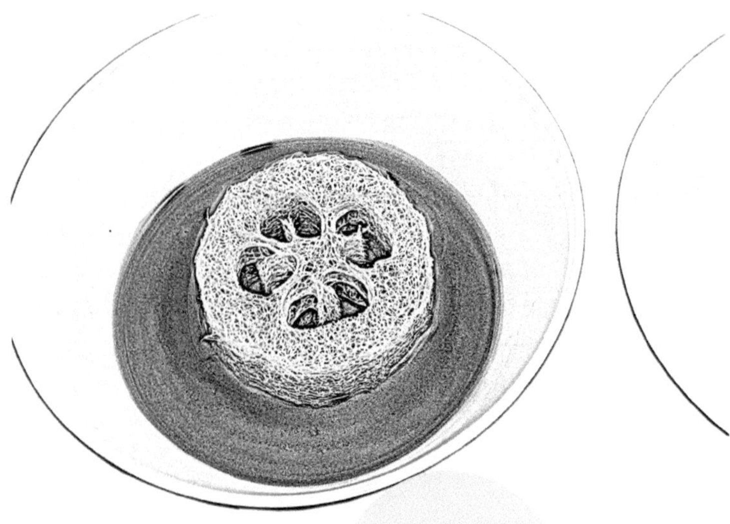

Material-
erfahrung

Ausdauer

Auge-Hand-
koordination

Material

2 Schüsseln

150 ml gefärbte Flüssigkeit

1 Schwamm

1 Geschirrtuch

Anleitung

Stellen Sie zwei Schüsseln auf ein saugfähiges oder wasserfestes Tuch, links ein Gefäß mit Wasser, rechts ein leeres Gefäß, in der Mitte legen Sie einen Schwamm.

Das Kind taucht den Schwamm in die linke Schüssel und nimmt damit Wasser auf. Es transportiert es zur rechten Schüssel und drückt das Wasser dort aus. Es wiederholt diese Handlung, bis die volle Schüssel leer und die leere voll ist.

Lichtspiele

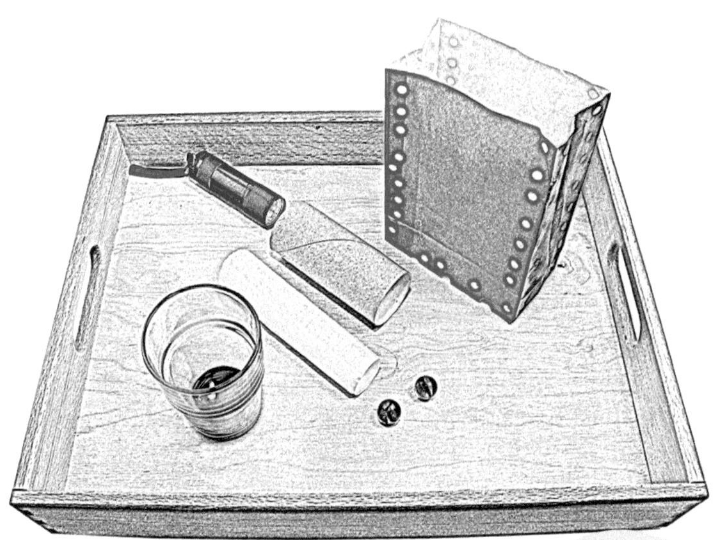

Beobachtung

Kreativität

Material

1 Taschenlampe

1 Toilettenpapierrolle

1 Trinkglas mit buntem Saft

1 Backpapier oder Butterbrotpapier

1 Papierbeutel

2-3 Glasmurmeln

Anleitung

Folgendes Material sollten Sie vorbereiten: Ein Trinkglas oder eine Flasche mit gefärbtem Wasser, einen gerollten Bogen Backpapier, Butterbrotpapier oder farbiges Transparentpapier, eine an beliebigen Stellen gelochte Papiertüte, 2 oder 3 Murmeln unterschiedlicher Farbtöne. Dazu wird eine Taschenlampe mit auf das Tablett gestellt.

Das Kind darf Erfahrungen mit Licht und Durchlässigkeit und der Wirkung von Material und Farbe bei Lichteinfluss machen. Es leuchtet durch das farbige Wasser, durch die gerollte durchsichte Papierrolle, baut einen Lampion, indem es die Tüte auf die Taschenlampe legt oder die Taschenlampe in die Tüte, oder leuchtet die Glasmurmeln an.

Lupenblick

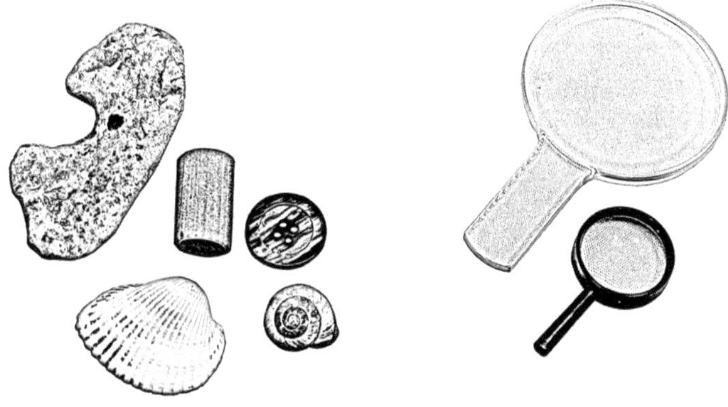

Material-
erfahrung

haptische
Wahrnehmung

Material

1 Lupe

10 Gegenstände, aus der Natur wie Muscheln, Blätter, Steine,

oder aus dem Haushalt wie Nudeln, Nüsse, Korken

Anleitung

Das Kind hat Zeit, die Beschaffenheit der Dinge optisch zu erkunden, indem es die Objekte eines nach dem anderen durch die Lupe betrachtet.

Pusteball

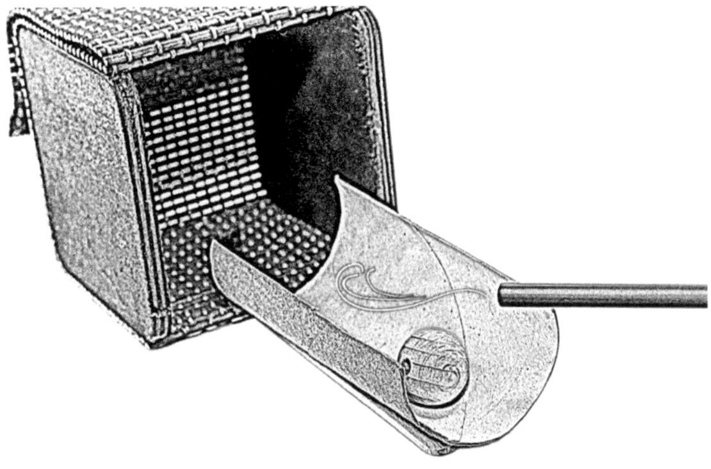

Mundmotorik

Ausdauer

Material

1 Strohhalm

1 leichte Kugel aus Styropor oder Holz

1 Toilettenpapierrolle

1 viereckige Schachtel

Anleitung

Der Aufbau besteht aus einer Schachtel, die so hingestellt und fixiert wird, dass die Öffnung zur Seite in Richtung des Kindes zeigt. In diese Öffnung führt als Rampe für die Kugel eine der Länge nach geteilte Toilettenpapierrolle. Anhand von seitlich fixierter Knete bleibt die Rampe stabil.

Das Kind versucht nun, durch dosiertes Pusten in den Strohhalm den Ball in die Box zu navigieren.

Löffeln

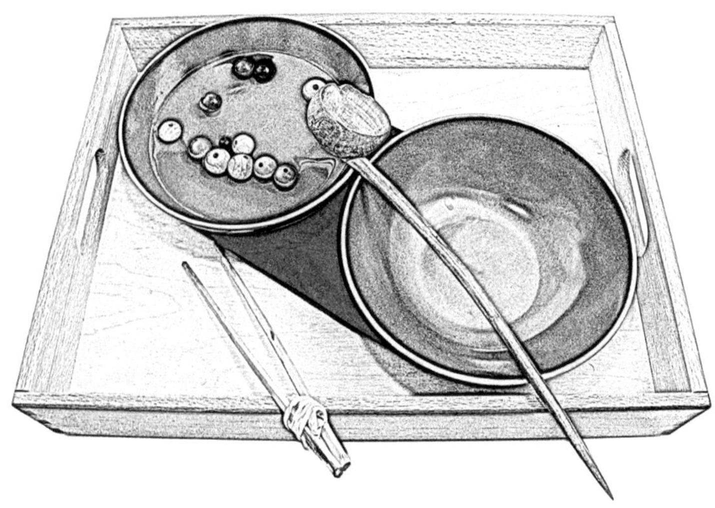

Material

2 Schüsseln

10 schwimmende Gegenstände

1 Löffel oder Zange

Auge-Hand-Koordination

Übung des täglichen Lebens

Anleitung

Auf dem Tablett liegen auf einer wasserfesten Unterlage zwei Schüsseln, links die Wasserschüssel, in der schwimmende Dinge wie Perlen oder Korken treiben, rechts ein leeres Gefäß. Löffel, Sieb oder Pinzette liegen bei.

Das Kind fischt nun die Gegenstände mit Löffel, Sieb oder Pinzette aus dem Wasser heraus und sammelt sie in die leere Schüssel.

Variation

Für jüngere Kinder dürfen die schwimmenden Gegenstände größer und griffiger sein (wie beispielsweise Walnüsse).

Ältere Kinder ab 5 Jahren können sich mithilfe der Pinzette auch daran versuchen, Bügelperlen aus dem Wasser zu fischen.

Geometrie

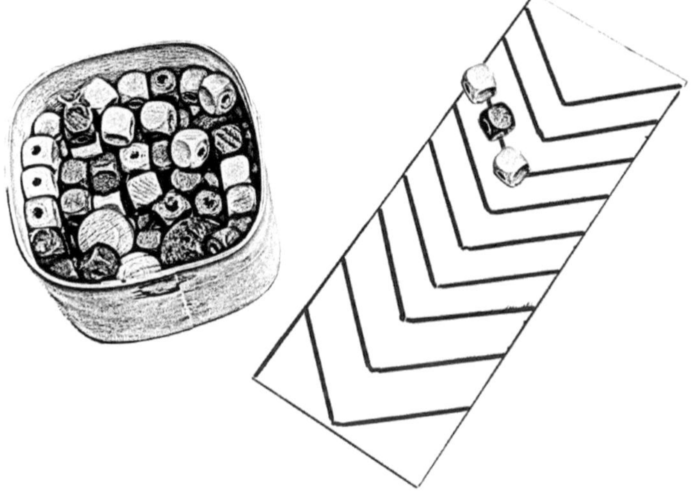

Erstes Formverständnis

Erforscht das Kind
erste geometrische Formen, so
übt es nebenher auch Feinmotorik,
Zuordnungsfähigkeit und Konzentration.

Mit Pfeifenreiniger, Spanngummis, Pipette und Plätzchenformen legen, tropfen, kleben oder schneiden Vorschulkinder die geometrischen Grundformen und begreifen so ihre Beschaffenheit bis hin zu ersten Erfahrungen mit Symmetrie.

Würfel legen

Material

ausreichend einfarbige Würfel, um alle Formumrisse gleichzeitig zu legen

5 Papierbögen mit aufgemalten Formumrissen

Form-
erkennung

logisches
Denken

Anleitung

Links steht eine Schüssel mit einer genau abgezählten Würfelmenge (oder Quadrate aus Tonpapier, Moosgummi oder Pappe). Diese sollten zum Legen der Muster genau ausreichen. Rechts liegen mehrere Musterbögen mit geometrischen Umrissformen, die aus der Grundform Quadrat bestehen.

Variation

Ältere Kinder ab 5 Jahren können sich auch an Formenumrissen versuchen, die aus Dreiecken oder Kreisen oder aber aus einer Kombination aller geometrischen Grundformen zusammengesetzt sind.

Symmetrie biegen

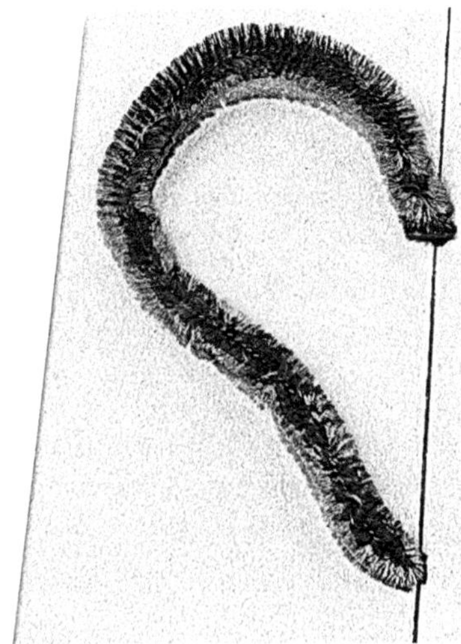

Symmetrie-erfahrung

logisches Denken

Auge-Hand-Koordination

Material

10 Pfeifenreiniger oder Drähte

5 A6-Karten

Anleitung

Durch einen mittig gezeichneten, senkrechten Strich auf den Karteikarten deuten Sie die Symmetrieachse an. Anschließend biegen Sie für jedes Kärtchen die Hälfte einer geometrischen Form mit dem Pfeifenreiniger oder dem Draht und fixieren diesen durch zwei kleine Löcher jeweils am oberen und unteren Ende der Symmetrielinie. Neben dem Tablett legen Sie die restlichen ungeformten 5 Drähte.

Das Kind vervollständigt den Umriss, indem es die andere Hälfte der geometrischen Form mit dem Draht nachbiegt und an den gleichen Fixpunkten befestigt.

Variation

Jüngere Kinder, für die das Biegen des Drahtes noch zu anspruchsvoll ist, können die Formen malend vervollständigen.

Plätzchen backen

Form-
erkennung

Material

5-10 Ausstechformen

1 Papierbogen

Zuordnungs-
fähigkeit

Anleitung

Mithilfe unterschiedlicher Keksausstecher übertragen Sie auf einem Papierbogen die verschiedenen Umrisse. Die Ausstecher werden auf der linken Tablettseite bereitgestellt, der Musterbogen liegt rechts aus.

Das Kind legt nun die Ausstecher passgenau auf ihren Umriss.

Spanngummi-Formen

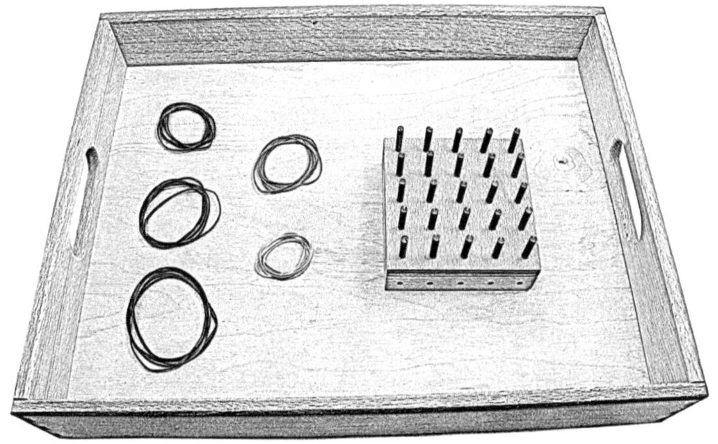

erste geometrische Erfahrung

Material

1 Frühstücksbrettchen oder Korkplatte

25 oder 100 Nägel oder Stecknadeln

20 farbige Küchengummis in unterschiedlichen Durchmessern

Auge-Hand-Koordination

Anleitung

Die Spannplatte für die Küchengummis wird aus einem Frühstücksbrettchen erstellt, auf dem Sie, in quadratischer Form, Nägel in regelmäßigen Abständen und gleichmäßiger Verteilung in die Platte hämmern: 5 Nägel in 5 Reihen oder 10 Nägel in 10 Reihen.

Jüngere Kinder können die Küchengummis spielerisch auf den Nägeln aufspannen und kreativ sein.

Für ältere Kinder ab 4 Jahren können Musterkarten mit einfachen geometrischen Figuren als Vorgabe dazugelegt werden: Quadrat, Viereck, Dreieck und Kreuz.

Formen nähen

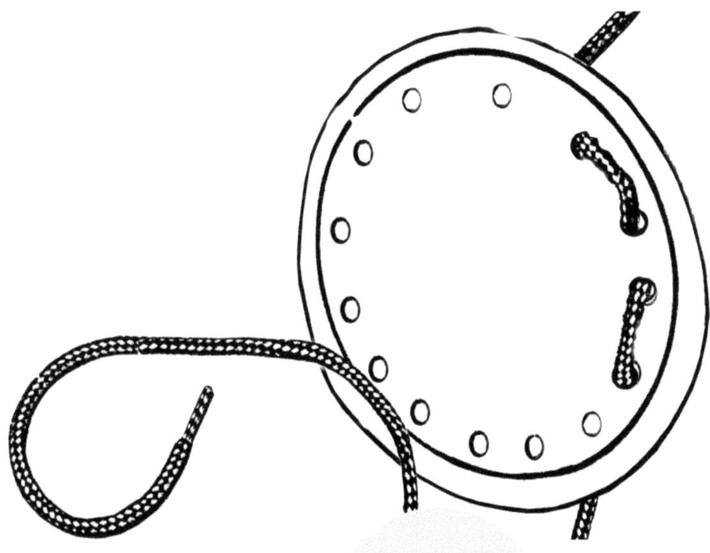

Auge-Hand-Koordination

Geschicklichkeit

Material

5 geometrische Formen aus Tonpapier

5 Schnürsenkel oder Bindfäden

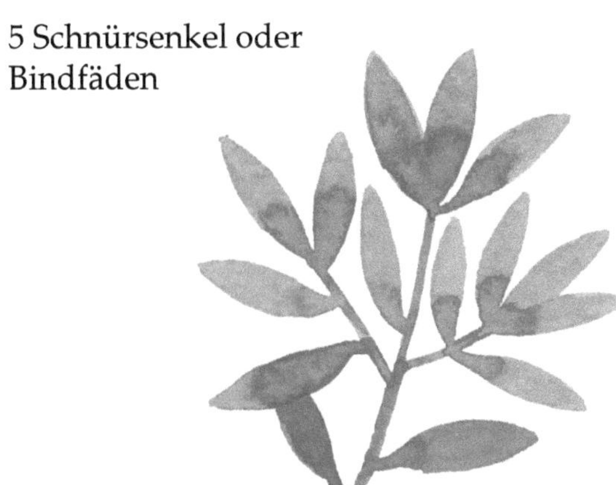

Anleitung

Zur Vorbereitung gehört das Ausschneiden mind. 10 cm großer geometrischer Grundformen aus stärkerem Tonpapier. Anschließend stanzen Sie die Formen entlang des Randes und in regelmäßigen Abständen mit einem Papierlocher.

Die Formen werden nun auf dem Tablett verteilt. Auf die rechte Tablettseite werden entsprechend viele Fäden gelegt wie Formen vorhanden sind. Die Fäden sollten an einem Ende mit einem Knoten versehen sein, dessen Umfang ein Durchrutschen verhindert.

Für jüngere Kinder können die Schnürsenkel bereits durch das erste Loch gefädelt sein.

Geometrie kleben

Zuordnungs-
fähigkeit

Kreativität

Material

4 geometrische Grundformen in 4-facher Ausführung aus Moosgummi oder Tonpapier

1 Klebestift

5 Karteikarten in A5

Anleitung

Zur Vorbereitung schneiden Sie die 4 geometrischen Grundformen Quadrat, Viereck, Dreieck und Kreis aus stärkerem Material aus und legen diese zusammen mit dem Klebestift links aufs Tablett. Anschließend bemalen Sie mehrere Karteikarten mit kindgerechten Motiven aus den Umrissen genau derselben geometrischen Plättchen und legen die Musterkarten auf die rechte Tablettseite. Die geometrischen Formen sollten für alle Musterkarten reichen.

Das Kind wählt nun aus dem Fundus an Formen die passenden aus und bringt sie auf den Motivkarten an.

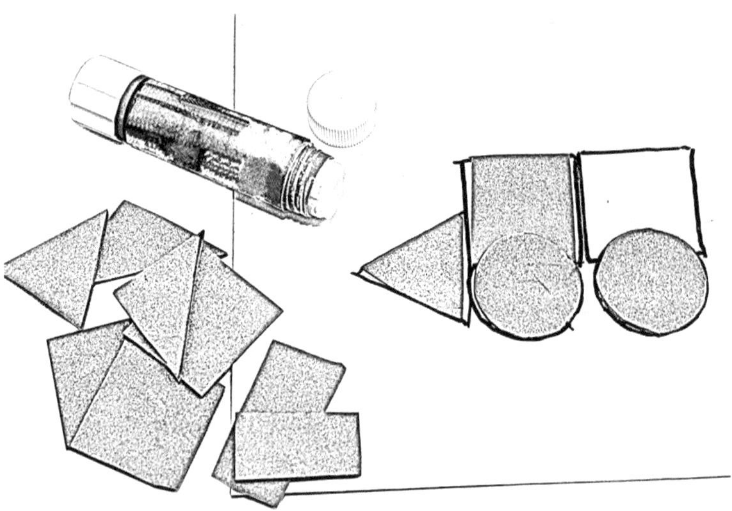

Formen tropfen

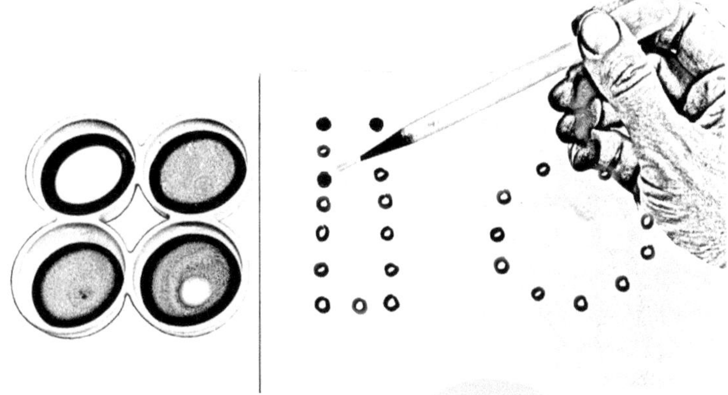

erste geometrische Erfahrung

Auge-Hand-Koordination

Ausdauer

Material

4 Schüsseln mit gefärbtem Wasser

5 Karteikarten

1 Pipette

Anleitung

Links stehen vier Schüsseln mit gefärbtem Wasser, rechts liegen 5 Karteikarten mit aufgemalten, aus kleinen Kreisen bestehenden geometrischen Formen. Unten mittig auf dem Tablett liegt die Pipette.

Das Kind tropft in die Kreise je einen Tropfen Farbwasser hinein. Es kann die unterschiedlichen Farben verwenden oder aber Sie markieren je einen Punkt pro Form in einer der vier Farben, um dem Kind einen Farbimpuls anzubieten.

Wattestäbchen-Geometrie

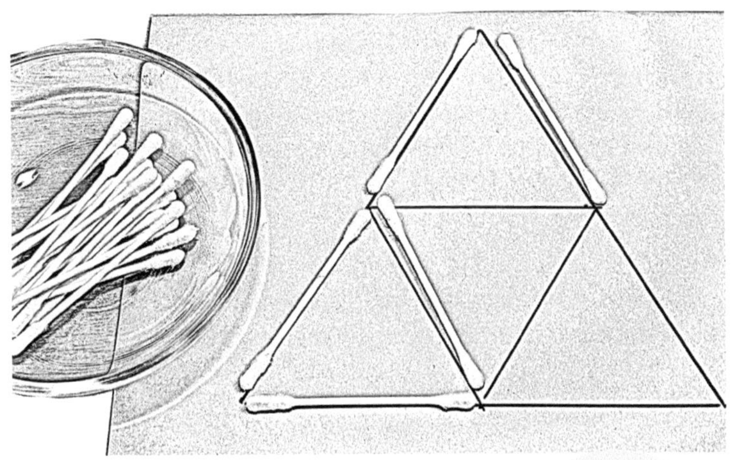

erste geometrische Erfahrung

Material

50 Wattestäbchen

5 Karteikarten in A5

Auge-Hand-Koordination

Anleitung

Vorbereitend zeichnen Sie auf mehreren Karteikarten unterschiedliche geometrische Umrisse. Diese können auch aus mehreren gleichen Formen bestehen. Die gezeichneten Seitenlängen der Formen müssen der Länge von einem oder von mehreren Wattestäbchen entsprechen. Die Anzahl der Wattestäbchen sollten zum Auslegen aller Formen genau reichen.

Das Kind greift aus der links stehenden Schüssel Wattestäbchen heraus und legt die Formen nach.

Perlenformen

Auge-Hand-Koordination

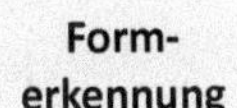

Form-erkennung

Material

30 farbige Perlen oder Knöpfe, alternativ Schokolinsen

5 Tonpapierquadrate oder Karteikarten mit unterschiedlichen Formen

Ausdauer

Anleitung

Links liegen die Perlen in einer Schüssel, rechts warten die Legemuster. Besonders gut in die Versenkung und Konzentration führen harmonische Muster wie Wellen oder Schneckenformen, Mäander oder Zickzackmuster, auch geometrische Formen, einzeln oder ineinander verschachtelt, eignen sich sehr gut.

Verwenden Sie essbares Sortiermaterial wie Schokolinsen oder Fruchtgummis, so üben die Kinder spielerisch, ihre Impulse zu kontrollieren.

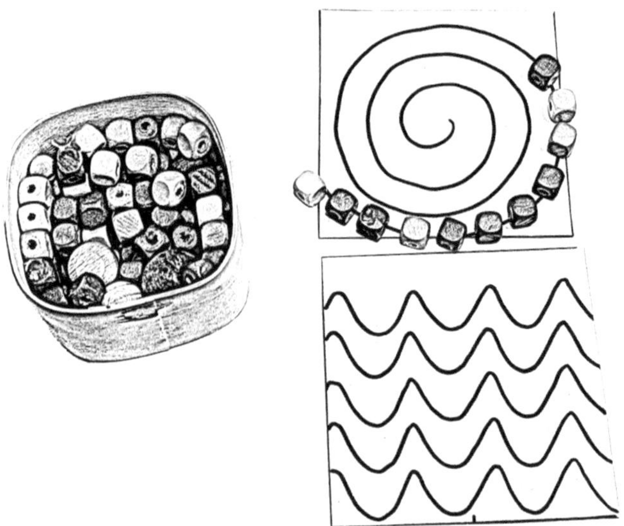

Symmetrie-Stäbchen

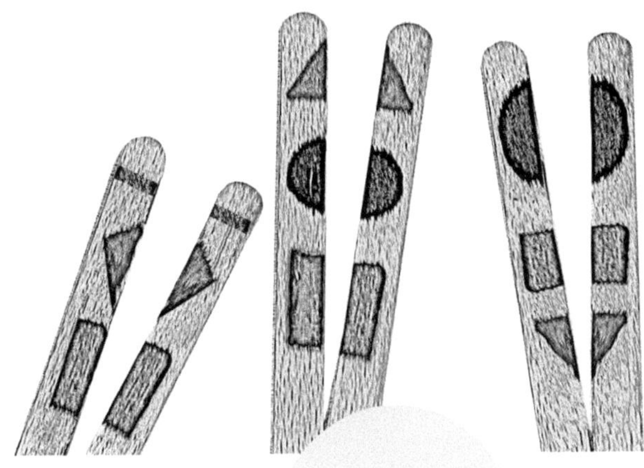

Symmetrie-erfahrung

logisches Denken

Zuordnungs-fähigkeit

Konzentration

Material

20 Eisstiele oder Pappstreifen

Anleitung

Auf Eisstielen oder Pappstückchen malen Sie jeweils untereinander die Hälfte dreier geometrischer Grundformen, dazu das entsprechende Gegenstück. Die Stäbchen werden gemischt in einer Schale links auf das Tablett gelegt.

Das Kind sucht nun die zwei passenden Stäbchen heraus und prüft durch aneinanderlegen, ob die Lösung stimmt.

Formen-Domino

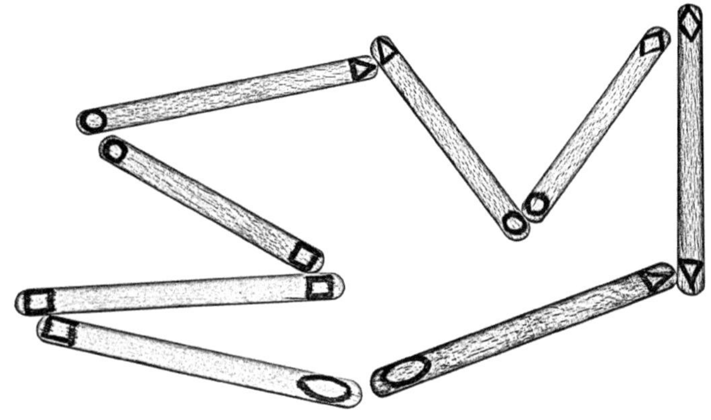

Zuordnungs-
fähigkeit

logisches
Denken

Material

mind. 8 Eisstiele, alternativ Papierstreifen

Anleitung

Vorbereitend bemalen Sie mindestens 8 Holzstäbchen jeweils an den äußeren Enden mit geometrischen Grundformen.

Um eine übersichtliche Anzahl an Stäbchen zu ermöglichen, ergibt der fertige Legepfad eine geschlossene Form (am ersten gelegten Stäbchen endet das letzte) und so gibt es auch nur einen einzigen Lösungsweg.

Wurden alle Stäbchen vollständig, die Enden zueinander in Formenpaaren verbunden und ohne Bruch aneinandergelegt, ist die Aufgabe korrekt gelöst.

Geometrie schneiden

erste geometrische Erfahrung

Material

1 Schere

1 Bogen Tonpapier

Auge-Hand-Koordination

Geschicklichkeit

Anleitung

Als Vorbereitung malen Sie geometrische Grundformen auf stärkerem Papier und schneiden diese mit einem etwa 5mm Rand aus. Die Formen werden links auf dem Tablett gelegt, rechts wartet die Schere.

Das Kind schneidet die Formen nach, indem es der dicken Umrisslinie folgt.

Symmetriepuzzle

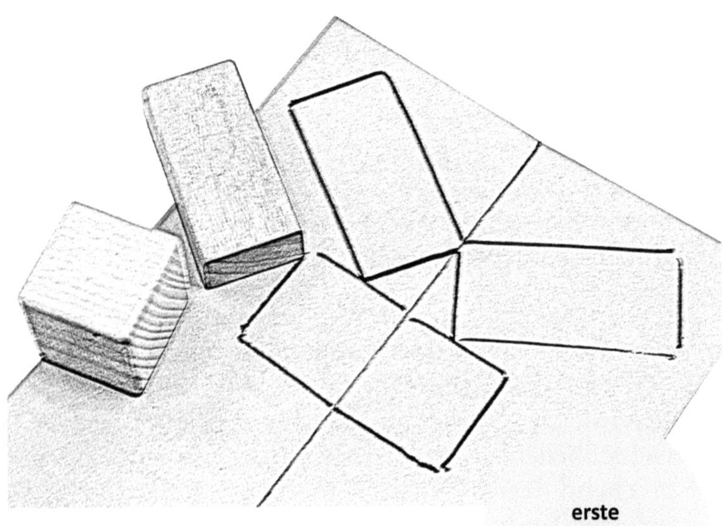

erste geometrische Erfahrung

Material

4 bis 10 Filzformen, Moosgummiformen oder Holzbausteine

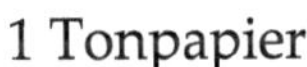

1 Tonpapier

Symmetrie-erfahrung

logisches Denken

Anleitung

Dieses Symmetriepuzzle benötigt ein oder mehrere Musterblätter, die wie folgt vorbereitet werden: Tonpapier wird - je nach Muster der Länge oder der Breite nach - mittig mit einem Strich als sichtbare Symmetrieachse geteilt. Die Umrisse eines Musters aus zusammengesetzten geometrischen Formen wird anschließend so auf dem Bogen gemalt, dass es sich an dieser Achse „spiegelt".

Die gespiegelten Umrisse können allesamt rechteckig sein und die Bausteine oder Tonpapierformen quadratisch, sodass beispielsweise ein Viereck aus mehreren Quadraten gelegt wird. Die Formenumrisse könnten aber auch aus unterschiedlichen geometrischen Grundformen bestehen. Entsprechend dieser Umrissmuster fertigen Sie aus Moosgummi oder Tonpapier in Form und Anzahl entsprechende Plättchen.

Das Kind legt die passenden Formen auf die Musterkarte. Beim Beenden der Aufgabe sind alle Formen aufgebraucht.

Variation

Für ältere Kinder können die gleichen geometrischen Formen in unterschiedlichen Größen vorgegeben werden. Alternativ dazu können weitere Formen hinzugefügt werden: Trapez, Kreis, Oval, rechtes und spitzes Dreieck.

Formen und Körper

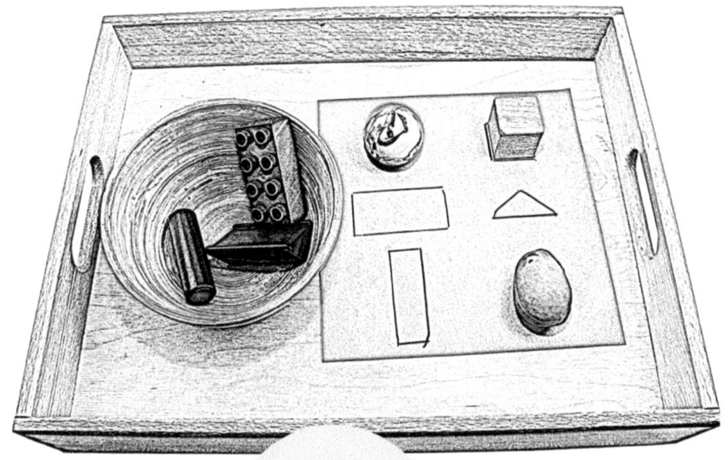

Form-
erkennung

Abstraktions-
fähigkeit

Zuordnungs-
fähigkeit

Material

6 Gegenstände, deren Umriss eine geometrische Grundform ergibt

1 Schüssel

1 Papierbogen

Anleitung

Suchen Sie in Ihrem Haushalt:

- 1 Flummi oder eine Murmel
- 1 Augenwürfel oder ein Bauklötzchen
- 1 Legostein mit drei oder mehr Noppen
- 1 Pyramidenform (Papierhütchen/Bauklötzchen)
- 1 Klebestift
- 1 (Holz-)Ei

Auf dem Tonpapier rechts malen Sie anschließend die Umrisse dieser Gegenstände als geometrische Grundformen: Kreis, Quadrat, Dreieck, Viereck (für rechteckige Dinge wie auch für Zylinder), Oval.

Das Kind sucht nun den passenden Gegenstand zum jeweiligen Umriss. Es erfährt so den Unterschied zwischen Körper und Fläche.

Formen-Wald

Form-
erkennung

Konzentration

Zuordnungs-
fähigkeit

Material

1 A4-Blatt

1 Schüssel

Anleitung

In der Vorbereitung zeichnen Sie auf hellem Tonpapier viele geometrische Formen nebeneinander, bis das Blatt vollständig bedeckt ist. Dabei können Sie Größe und Linienstärke der Formumrisse beliebig variieren, wodurch zugehörige Puzzleteile leichter zueinander finden.

Alternativ können Sie die Formen eng mit einer Schlängel- oder Zickzacklinie ummalen. Schließlich ziehen Sie auf der Rückseite des Blattes mithilfe von Bleistift und Lineal ein gleichmäßiges Raster, entlang dessen Sie das Blatt auseinanderschneiden. Das Puzzel ist ferig und kann gelegt werden.

Variation

Je älter die Kinder, desto kleiner können die Puzzleteile sein.

Mathematik

Erstes Mengen- und Zahlenverständnis

Zahlen als konkrete Größe erkennen, den Zusammenhang zwischen Zahl und Menge begreifen, das lineare Zählen und der Zehnerübergang – für viele Vorschulkinder eine Herausforderung.

Diese Übungen führen das Kind in die Abstraktion des Zahlenraumes 0-20. Das Kind schreibt die Zahlen in Sand, legt sie mit Steinen nach, würfelt und zählt. In Verbindung mit feinmotorischen Herausforderungen und spielerischem Zugang können bereits Dreijährige die Zahlenwelt erkunden.

Roter Zahlenfaden

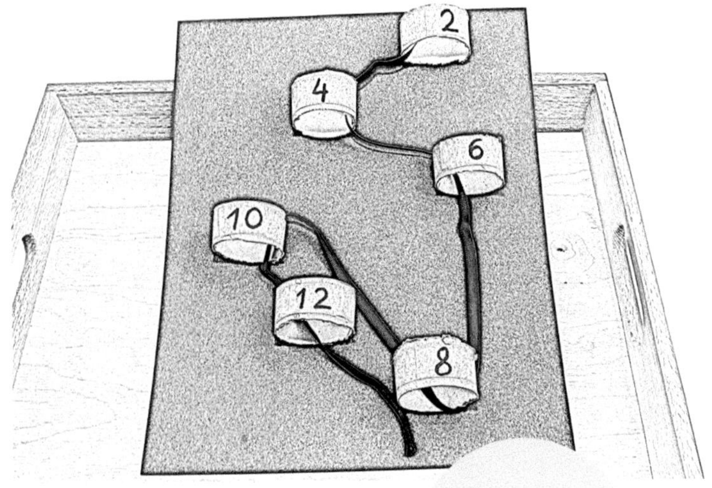

Zahlenfolge

Konzentration

Zahlenverständnis

Material

3 Toilettenpapierrollen

1 A4-Tonpapier

1 Bindfaden oder Geschenkband

Anleitung

Mit einem Kuttermesser schneiden Sie drei Toilettenpapierrollen entzwei und kleben die sechs entstandenen Ringe mittels Sekundenkleber oder Klebeband waagerecht in freier Verteilung auf eine Pappe. Nun beschriften Sie die Rollen mit Zahlen: Für jüngere Kinder unter vier Jahren mit den Zahlen von 1 bis 6, für ältere Kinder erhöhen Sie die Ringanzahl und verwenden eine Zahlenfolge bis 20 oder höher. An der oberen Pappseite wird mittig eine Schnur befestigt, die lose an der Pappe herabhängt.

Das Kind hat nun die Aufgabe, den Faden entsprechend der Zahlenfolge durch die Papierrollen zu fädeln.

Variation

Es können auch zwei (andersfarbige) Fäden an den gegenüberliegenden oberen Ecken der Pappe angebracht werden, die unterschiedliche Zahlenreihen markieren, beispielsweise gerade – ungerade.

Mengenvergleich

Mengen-
verständnis

Geschicklichkeit

Material

1 Schüssel

3 Gläser

1 Trichter

1 Löffel

250 mg Reis

Menge-Gewicht-
Zusammenhang

Anleitung

Links steht eine Schüssel mit Reis, rechts stehen 3 durchsichtige Gläser, die mit Malerkrepp in unterschiedlichen Höhen markiert sind. Es ist wichtig, dass Sie die Reismenge, die zum Füllen aller drei Gläser bis zur Markierung nötig ist, genau abstimmen, sodass das Kind an der ausgehenden Materialmenge merkt, wann die Aufgabe beendet ist.

Variation

Die Zugabe eines Trichters ist möglich.

Ebenfalls kann eine Briefwaage eine weitere Verständnisebene eröffnen, indem es den Mengen-Gewicht-Zusammenhang erkennen lässt.

Menge-Zahl-Spiel

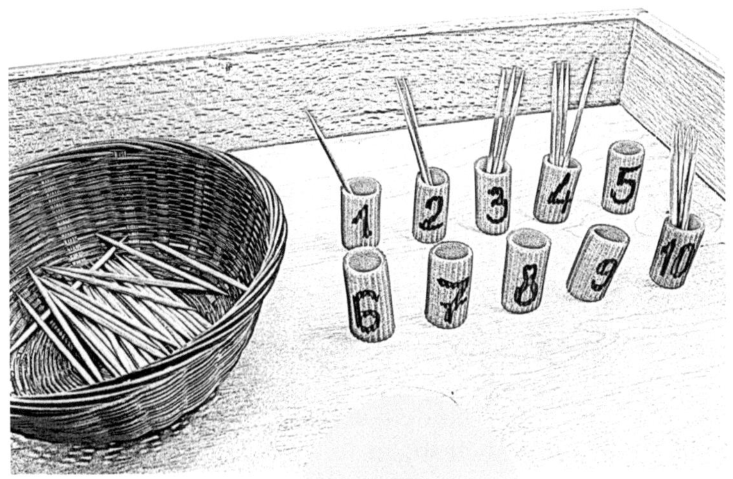

Menge-Zahl-Verständnis

Material

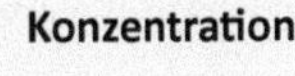

10 Cannelloni

55 Zahnstocher

1 Körbchen

Anleitung

Die Cannelloni werden von Ihnen vorweg mit den Zahlen 1 bis 10 beschriftet und stehend auf die rechte Tablettseite gestellt. Links steht ein Körbchen mit 55 Zahnstochern.

Das Kind ordnet die entsprechende Menge an Zahnstochern den Zahlen zu, indem es diese aufrecht in die Cannelloni steckt.

Dickere Rohrnudeln haben auch ohne Fixierung einen relativ guten Halt, für jüngere Kinder unter 5 Jahren ist es aber angebracht, die Nudeln anhand von Sekundenkleber auf einer Pappe zu befestigen.

Sandzahlen

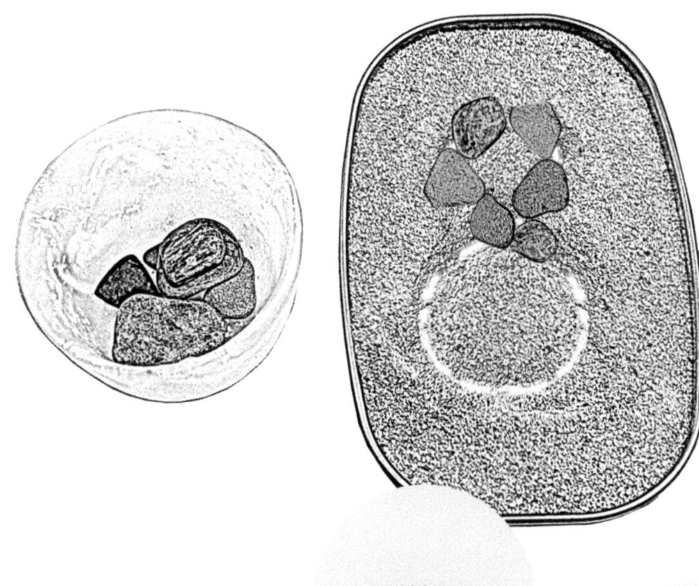

Zahlen-
verständnis

Geschicklichkeit

Material

100 g Sand, Reis oder Salz

1 flacher Deckel oder Teller

rd. 20 Stück 1-2 cm große Steine

10 Zahlenkarten
oder
2 Zahlen- oder Augenwürfel

Graphomotorik

Anleitung

Links liegen (gemeinsam mit dem Kind) gesammelte kleinere, maximal 2 cm große Steine. Rechts steht ein flacher Deckel oder Teller mit einer knapp die Oberfläche bedeckenden Sand-, Reis- oder Salzschicht. Dazu liegen Zahlenkarten von 0 bis 10 aus oder zwei Zahlen- oder Augenwürfel.

Das Kind schreibt die entsprechende Zahl in den Sand und legt die Steine in die geschriebene Spur.

Löffelwaage

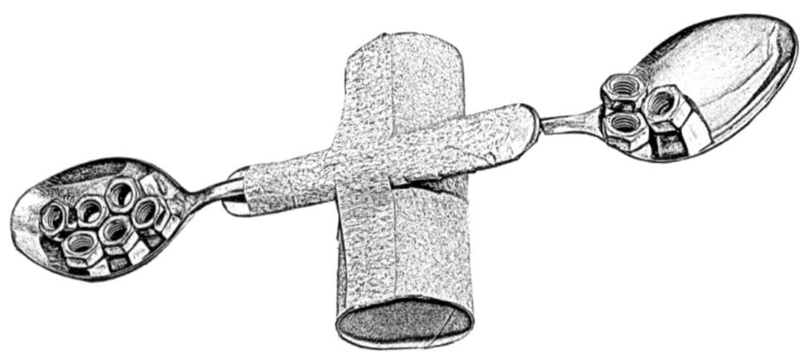

Menge-Gewicht-Zusammenhang

Beobachtung

Material

10 gleiche Gegenstände (Muttern, Münzen)

1 Toilettenpapierrolle

2 Esslöffel

1 Rolle Malerkrepp

Anleitung

Die Waage kann mit wenigen Handgriffen selbst gebaut werden. Verwenden Sie dafür zwei Esslöffel und verbinden die Stiele mittels Malerkrepp auf die Weise, dass sich die Mulden mit der Öffnung nach oben an den gegenüberliegenden Enden befinden. Befestigen Sie anschließend die Mitte des Doppellöffels mit Malerkrepp quer auf eine Toilettenpapierrolle und legen innerhalb der Papprolle zur Stabilisierung ein beliebiges Gewicht. Neben der Waage steht eine Schüssel mit dem Messmaterial.

Um ein Herausrutschen des Materials von den schwankenden Löffelmulden zu verhindern, bekleben Sie diese mit Malerkrepp oder befestigen sie daran Pappbecher, die vorher auf 2-3 cm Wandhöhe gekürzt wurden.

Das Kind legt nun testweise Material beliebiger Menge auf den Löffeln und beobachtet, was passiert.

Variation

Sie können Karten erstellen und der Waage beilegen, auf denen zwei Zahlen sich gegenüberstehen. Da eine selbsthergestellte Waage durch ihre baubedingte Ungenauigkeit geringe Gewichtunterschiede nicht wiedergibt, ist es wichtig, dass die Differenz zwei oder mehr Zahlen bemisst.

Das Kind legt diese Zahlen nach und erlebt mit dem Schwanken und eindrücklichen Fallen oder Heben eines der Waagearme, dass die Menge das Gewicht beeinflusst.

Würfelbilder

Menge-Zahl-verständnis

Material

55 Perlen, Knöpfe oder ähnliches Zähl-material

Zahlenkarten 1-6 oder 1-10

1 oder 2 Augen-würfel

Zahlenfolge

Anleitung

Auf dem Tablett sind in der oberen Reihe Zahlenkarten von 1 bis 6 (oder bis 10) ausgelegt, unten mittig steht eine Schüssel mit 55 Stück Legematerial, dazu ein oder zwei Augenwürfel.

Das Kind würfelt nun, zählt die Augen und legt zur gewürfelten Zahl entsprechend viele Steinchen. Es fährt so fort, bis alle Zahlen einmal gewürfelt und gelegt wurden.

Rote Stangen

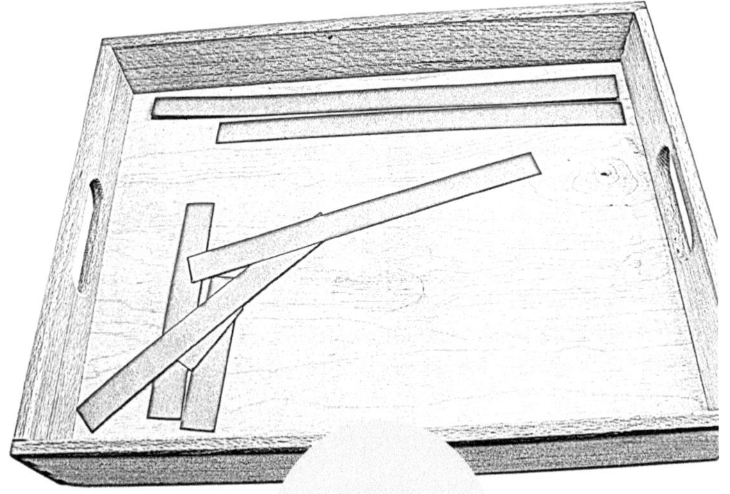

Größen-
unterschiede
erkennen

Erzähl-
förderung:
länger, kürzer

Material

1 Tonpapier in A3 oder

7 Holzstäbchen mit 5 cm, 10 cm, 15 cm, 20 cm, 25 cm, 30 cm und 35 cm Länge

1 Knetrolle

Anleitung

Wird mit Pappe gearbeitet, so müssen Sie die Pappstreifen auf einer Länge von 5 cm, 10 cm, 15 cm, 20 cm, 25 cm, 30 cm und 35 cm zurechtschneiden und auf der Rückseite mit Holzstäbchen (Schaschlikspieße) verstärken – für die Möglichkeit des Aufsteckens in Knete sollten 5 mm des Holzstabs herausragen. Optional können Sie schmale Holzleisten in den entsprechenden Längen zurechtsägen.

Die Kinder sortieren nun, nach kurzer Erklärung durch einen Erwachsenen, die Streifen in einer sinnvollen Reihenfolge – neben oder hintereinander, in der Höhe ab- oder zunehmend. Sie können sie auf dem Tablett liegend sortieren oder in Knete aufrecht einstecken.

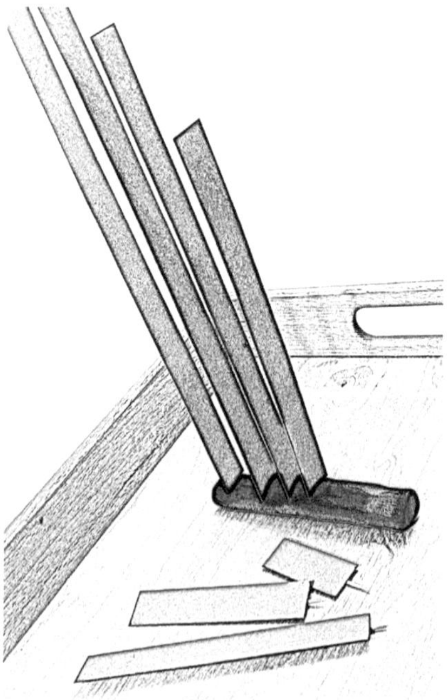

Die Möglichkeit der Selbstkontrolle erfolgt über das kleinste, also das 5-cm-Stück, das immer den Längenunterschied zwischen zwei aufeinanderfolgenden Stäbchen ausmacht.

1-2-3 Steine

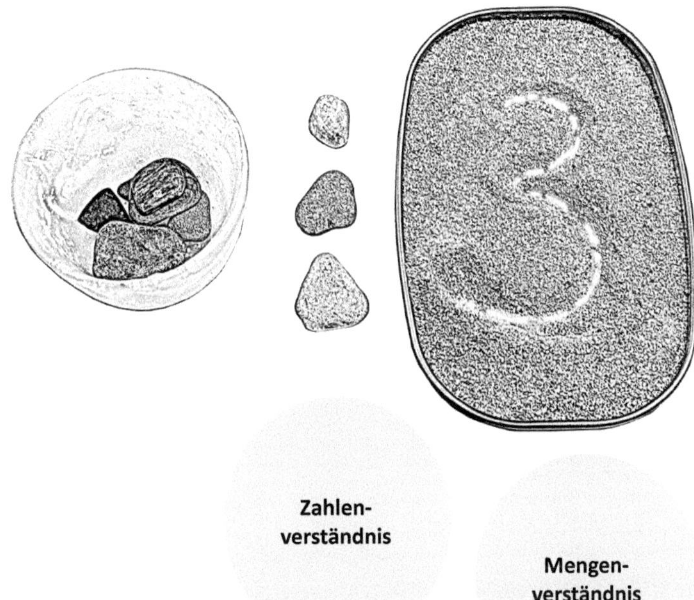

Zahlenverständnis

Mengenverständnis

Graphomotorik

Material

1 Handvoll Sand, Salz oder Zucker

1 flacher Deckel oder Teller

12 Steine

10 Zahlenkarten oder 2 Zahlen- oder Augenwürfel

Anleitung

Linksseitig liegt der Stapel Zahlenkarten mit der kleinsten Zahl nach oben, dazu eine Schüssel mit Steinen in der entsprechenden Anzahl wie Zahlen auf den Zahlenkarten. Rechts liegt der fein ausgestreute Sandteller: Je dünner die ausgelegte Schicht, desto schärfer ist die Kontur der eingeschriebenen Zahl.

Das Kind malt die Zahl der oberen Karte oder die gewürfelte Zahl in den Sand und legt die passende Anzahl Steine aus. Es fährt mit dem nächsten Kärtchen fort oder würfelt weiter.

Zahlenrolle

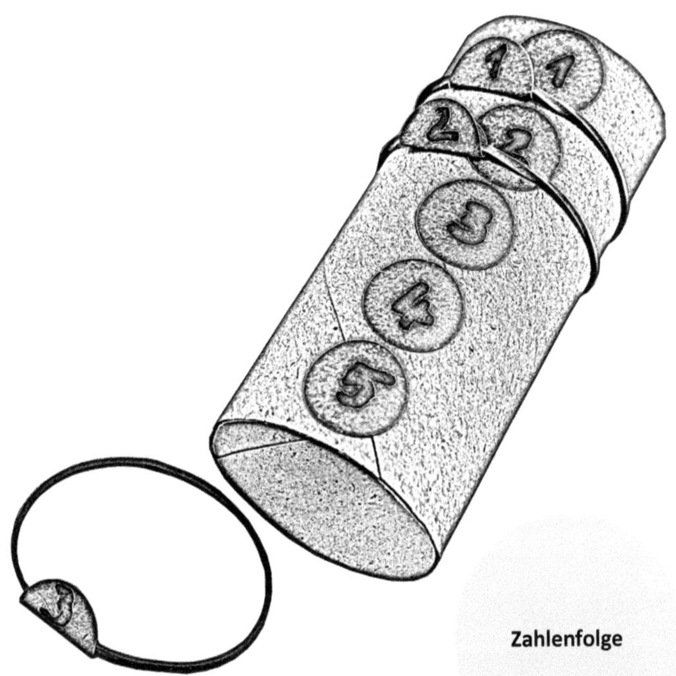

Zahlenfolge

lineares Zählen

Material

1 Toilettenpapierrolle

10 Spanngummis mit rd. 4,5 cm Durchmesser

5-10 Zahlenkarten oder Klebepunkte

Anleitung

Zur Vorbereitung beschriften Sie eine Toilettenpapierrolle mit den Zahlen 1 bis 10. Es werden dazu entsprechend viele Spanngummis mit angehefteten Zahlenkärtchen oder Klebepunkten von etwa 1 cm Umfang vorbereitet. Spanngummis mit 4,5 cm Durchmesser passen genau auf die Rolle, solche größeren Durchmessers hingegen verlangen mehrfaches Umschlagen und sind daher nicht so gut geeignet.

Das Kind ergreift die Zahlenrolle und spannt die Ziffern-Gummis der Reihe nach auf die passenden Zahlen.

Zahlen fädeln

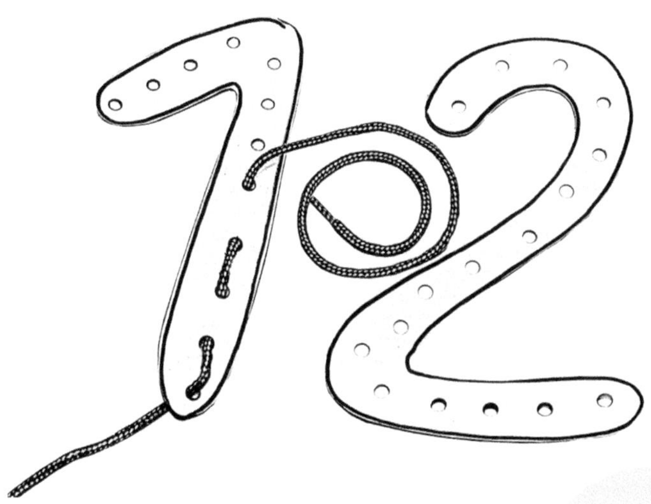

Material

10 Bögen Tonpapier in A5

1 Schnürsenkel

Zahlenverständnis

Geschicklichkeit

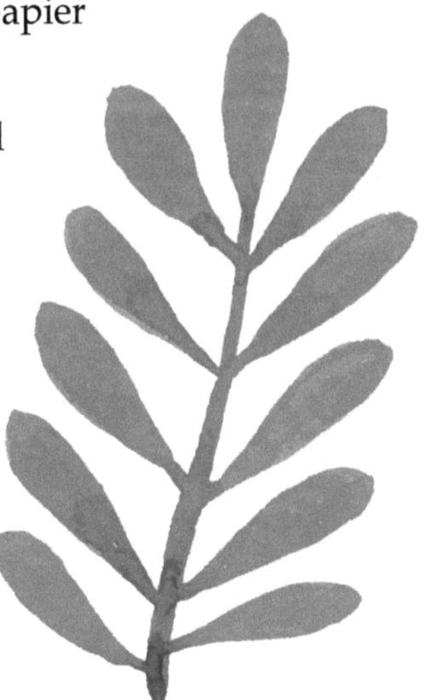

Anleitung

Sie malen die Zahlen von 0 bis 9 auf A5-Pappbögen. Die Zahlen sollten aus einer umlaufenden Linie bestehen, sodass innerhalb des Umrisses genug Platz ist, um das Papier in regelmäßigen Abständen zu lochen. Zum Fädeln liegt ein Schnursenkel oder Wollfaden bereit.

Das Kind fädelt das Band durch die Löcher in der Zahl und verinnerlicht damit deren Aussehen.

Zahlen-Kaktus

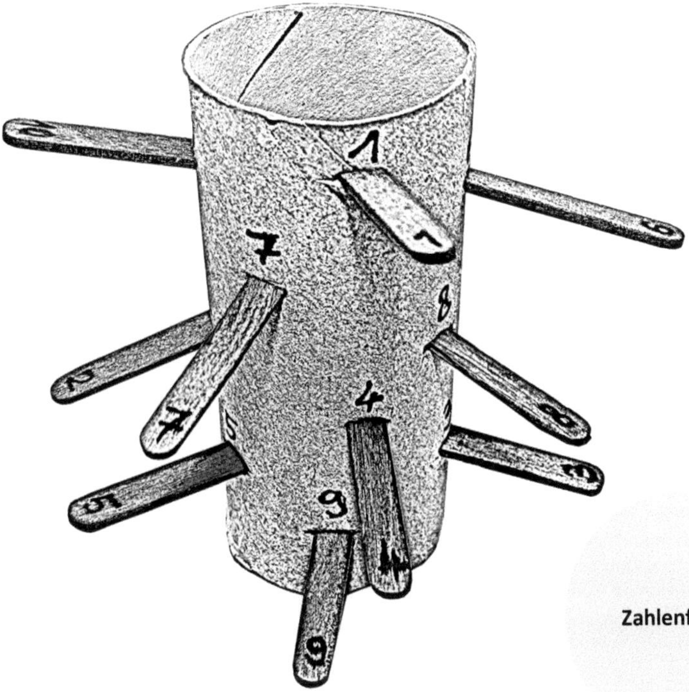

Zahlenfolge

Material

1 Toilettenpapierrolle

10 bezifferte Stäbchen oder Strohhalme

lineares Zählen

Anleitung

Vorbereitend schneiden Sie in eine Toilettenpapierrolle anhand eines Kuttermessers an 10 Stellen circa 1 cm breite Schlitze. Die Schnittstellen wie auch die Stäbchen beschriften Sie mit den Zahlen von 1 bis 10. Sie legen die zehn Stäbchen auf die linke und die Papierrolle auf die rechte Tablettseite.

Das Kind nimmt Stäbchen um Stäbchen auf und steckt diese in die entsprechend beschrifteten Schlitze.

Vorher-Nachher

Zahlen-verständnis

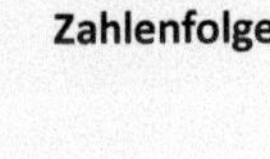

Zahlenfolge

Material

10 beschriftete Zahlenkarten

1 Augenwürfel

lineares Zählen

Anleitung

Auf dem Tablett liegen ganzflächig und gleichmäßig verteilt umgedrehte Zahlenkarten von 1-6 oder von 1-12 aus. Ein oder zwei Augenwürfel stehen bereit.

Das Kind würfelt, zählt die Augenzahlen, geht bis zu der Karte vor, die der gewürfelten Zahl entspricht, und deckt sie dann zur Selbstkontrolle auf. Anschließend deckt es zusätzlich die vor und nach dieser Zahl liegende Karte auf und erkennt somit die Zahlenreihenfolge. Alle drei aufgedeckten Karten bleiben sichtbar. Das Kind würfelt solange weiter, bis alle Zahlen aufgedeckt sind.

Tortenscheiben

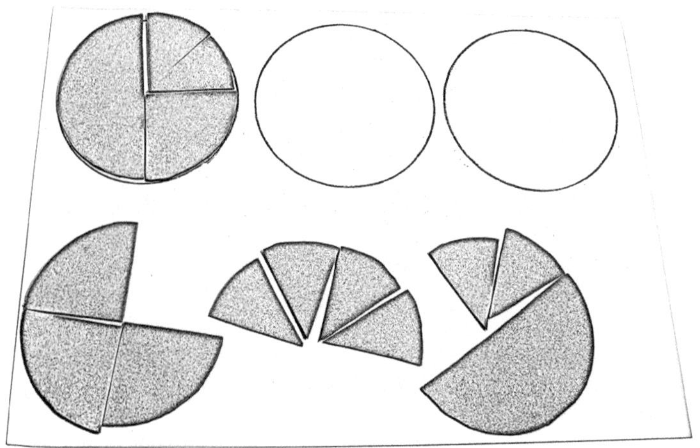

Zuordnungs-
fähigkeit

Zahlen-
verständnis
(Bruchzahlen,
Kreisdiagramm,
Prozente)

Material

1 Bogen Moosgummi
oder Tonpapier

1 Papierbogen

Anleitung

Mit einem Zirkel oder anhand einer Schablone malen Sie drei Kreise gleichen Durchmessers auf einem Papierbogen und legen diesen rechts aufs Tablett. Das Gleiche führen Sie auf Tonpapier oder Moosgummi durch und teilen einen Kreis in der Mitte, einen in ¼-Scheiben und den dritten in 1/8-Scheiben. Die einzelnen 14 Kreisbestandteile werden anschließend ausgeschnitten und gemischt links auf das Tablett gelegt.

Das Kind verwendet nun die einzelnen Kreisbestandteile, um die runden Umrisse auf dem Papierbogen auszufüllen.

Interessant dabei ist, dass dies ein immer gelingendes Puzzle ist, da die Kreise immer vollständig und richtig gefüllt werden, unabhängig, ob das Kind gleiche Kreisteile zusammensetzt oder sie gemischt zu einem Kreis legt.

Mengenübung

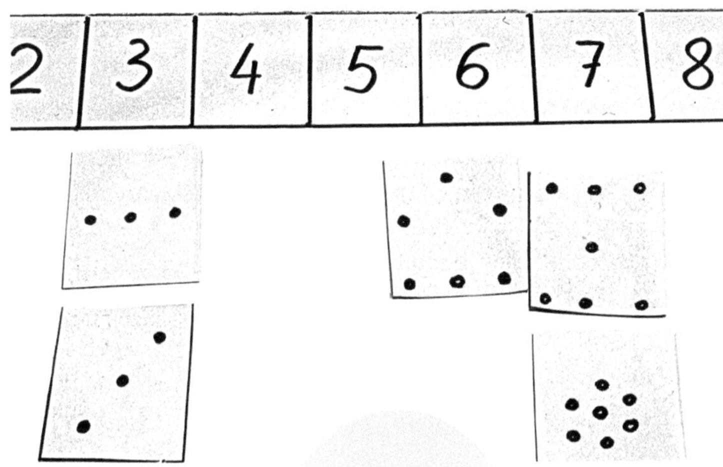

Menge-Zahl-Verständnis

Konzentration

Zuordnungsfähigkeit

Material

1 A3-Papierbogen

40 Karteikarten

Anleitung

Beschriften Sie ein A3-Papierbogen im oberen Teil mit den Zahlen von 1 bis 10. Legen Sie den so beschrifteten Papierbogen aufs Tablett.

Bemalen Sie anschließend 40 kleine Karteikarten in A8 oder kleiner (alternativ kleine Papierrechtecke mit rd. 5 cm Kantenlänge) mit einer den Zahlen entsprechenden Anzahl von Punkten – jeweils in vier unterschiedlichen Anordnungen – das ergibt für jede Zahl vier Kärtchen.

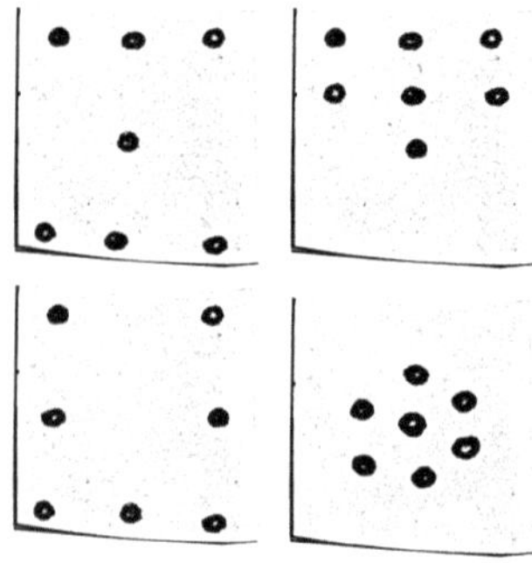

Beispiel für die Zahl 7:

Die Aufforderung an das Kind besteht darin, dass es die Punkte-Karten der richtigen Zahl zuordnet. Die Kinder üben, die Mengen zu erkennen, unabhängig von der Anordnungsweise der Punkte.

Zahlen-Schaschlik

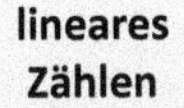

Material

20 Zahlenkarten 1 - 20

4 Schaschlikspieße

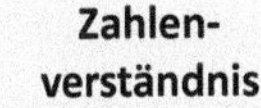

Anleitung

Zur Vorbereitung dieses Aktionstabletts teilen Sie ein Tonpapierbogen in 20 einheitliche Felder, die Sie jeweils mit Zahlen von 1 bis 20 beschriften und ausschneiden. Alternativ können Sie auch Karteikarten verwenden. Anhand eines Lochers werden die Zahlenkarten an einheitlicher Stelle gelocht.

Die gemischten Zahlenkarten werden in einer Schüssel gelagert. Rechts warten 4 Holzspieße auf die Zahlen in der richtigen Reihenfolge. Die Spieße können der besseren Übersicht halber wie folgt beschriftet sein: 1-5, 6-10, 11-15 und 16-20 .

Das Kind bildet nun nach kurzer Erläuterung der Aufgabe 5er-Gruppen auf je einem Spieß.

Was möchtest Du mit Deinem Kind üben?

Notizen

Zur Autorin

Thea Eriks wurde 1979 geboren und wuchs in Küstennähe in Mecklenburg-Vorpommern auf.

Nach ihrem Abitur begleitete sie einige Jahre lang, ehrenamtlich und beruflich, kunstpädagogische Projekte mit Kindern und Jugendlichen, studierte anschließend Geisteswissenschaften und arbeitete über ein halbes Jahrzehnt bei einer großen Berliner Firma für Therapie-, Kita- und Schulmaterialien.

Dabei entwickelte sie u.a. Lern- und Fördermaterialien für Dyskalkulie und Legasthenie, machte sich mit der Montessori-Pädagogik vertraut und bekam einen guten Einblick in dem, was ErzieherInnen bewegt und Eltern umtreibt: Was brauchen diese, um ihre Kinder im Lernen erfolgreich zu begleiten?

Ihre zwei Kinder in Kita und Grundschule beweisen ihr immer wieder den bereichernden, Freude bringenden und lehrreichen Einsatz von Aktionstabletts im Alltag.